Dios es el Cielo es Un Lugar Real

Edward Marshall Smiling

Co-Autor y Editor (Josellys Avila)

Editor final Neyra Smiling

Tradución Sandra Diaz

Copyright © 2016 Edward Marshall Smiling
Todos los derechos reservados.

ISBN: 9798646476631 ISBN 13: **9798646476631**
Número de Control de la Biblioteca Del Congreso: **XXXXX (si es aplicable)**
LCCN Pie de Imprenta Nombre: **Ciudad y Estado (si procede)**

Contenido

Dedicación.

Introducción.

Capítulo 1: Primer y Segundo Cielo.

Capítulo 2: Dios puede resucitar a los muertos: El Evangelio de Semillas.

Capítulo 3: ¿Qué sucederá cuando me muera?

Capítulo 4: ¡Deseado en el Cielo, Vivo o Muerto!

Capítulo 5: El cielo es Un Lugar Real.

Capítulo 6: La llamada de los nombres.

Capítulo 7: Siete preguntas de Tommy.

Capítulo 8: El último día.

Palabras finales.

Mi momento EMMY-OSCAR.

Dedicación:

Este libro está dedicado a todos aquellos que perdieron a un ser querido y desean saber ¿Lo que realmente sucede?

Introducción

El Cielo es Un Lugar Real y todos son Bienvenidos.

Antes de empezar, quiero dar las gracias a alguien que es muy querido para mí, quien me ha inspirado como ninguna otra persona, alguien que es verdaderamente desinteresado. Él estaba allí conmigo desde el principio, incluso antes de que yo pudiera leer o escribir. Cuando pensé que esta tarea sería demasiado grande, se mantuvo animandome a escribir. Permaneció en mí, no me dejó ir hasta que empecé a escribir. Cuando quise renunciar, dijo: "sigue adelante" Él es verdaderamente un genio y realmente merece todo el crédito por este libro. Él es la persona más amorosa que jamás podría conocer. Aunque es el hombre más rico del mundo, Él me amó tanto que dio su vida por mí. Con lágrimas de amor, honor y respeto que corren por mis mejillas mientras escribo esto, quiero agradecer a mi Padre y a mi mejor amigo, "El Señor Jesús, El Mesías". ¡Gracias, PADRE- TE AMO!

¿Qué es el cielo? ¿Dónde está el cielo? ¿Qué está en los cielos? ¿Es el cielo real? ¿Si el cielo es real, Cómo puedo conseguirlo? Estas son todas las grandes preguntas que serán contestadas durante el tiempo que usted termine de leer este libro. ¡Usted tendrá una prueba positiva de que hay un Cielo! ¡Usted va a entender la realidad de los cielos! ¡No habrá ninguna duda en su mente de que el cielo es un lugar real! El cielo es un lugar real con una dirección. Es una hermosa ciudad donde todo es perfecto. Segùn avancemos nos daremos cuenta de que: una persona no siempre tiene que morir para llegar allí. Sí, notaremos que no es una equivocación. La muerte no es la única forma de llegar al cielo. ¡Usted puede ir al cielo vivo! Pero vamos a entrar en eso más tarde. El cielo es un lugar físico real.

    Después de leer éste libro, confío en que se dará cuenta de que: "¡La gente en el cielo, los que eligen ir al cielo están vivos!" Sí, eso es, ellos ahora están vivos en el cielo. Por ejemplo, ¡Su madre, padre, hermana, hermano, hijo, hija, tía, tío, esposa, esposo, abuela, abuelo, amigo, su mejor amigo y cualquiera que quisiera ir al cielo *están* en el cielo ahora, con Dios! ¡Vivos! ¡Sí, es cierto! ¡Vivos! ¡Ellos no están durmiendo en sus tumbas-están vivos ahora, mientras hablamos! La gente en el cielo son capaces de ver, oír, comer, beber, hablar y de oler. Tienen un lugar para vivir y son perfectos. Para los damas que puedan estar leyendo este libro ahora, piense acerca de que su cuerpo es perfecto, perfecto de peso, ojos perfectos, altura perfecta, pies perfectos, manos y piernas, pelo perfecto y ninguna pulgada de grasa en el cuerpo. Ni una sola arruga. ¡Ninguna mancha! ¡Usted será usted mismo, pero perfecto!. ¡No hay necesidad de dieta o ejercicios y ningún pelo malo nunca más! ¡Soy un chico de cabeza calva y estoy satisfecho sobre eso! ¡Sí, estoy muy emocionado de poder tener un cuerpo perfecto en el cielo! En el cielo, estaremos rodeados por el perfecto amor de Dios. Tendremos una mente perfecta, capaz de superar incluso los equipos más avanzados de hoy. "La mayor de estas cosas es amor". "En el cielo, el amor es perfecto". El amor del uno para el otro es perfecto. ¡El amor de Dios es perfecto! ¡Su amor es perfecto para usted! No hay agendas ocultas, no hay nada de las intrigas del falso amor, muchos de nosotros a nuestra edad hemos experimentado esto hoy en día. Por ejemplo, como algunos han dicho, "Bueno, si haces esto para mí, entonces voy a hacer eso para tí. "Eso no es amor en absoluto". En el cielo, el amor es simple pero perfecto. Lo haré por tí, porque te amo. ¡Dios ha hecho mi amor por tí, puro y perfecto para siempre! Siempre me Amarás y siempre te amaré. Así podremos tener el más sincero y verdadero amor el uno por el otro.

La Santa presencia de Dios llena todo el cielo con amor, alegría y páz. Creo que se puede decir que en el cielo, mi amor por mi ¡BFF es PPF! ¿Entiende esto? ¡Best Friend Forever! con amor, que es perfectamente puro para siempre (Mi mejor Amigo Por Siempre: BFF) (Es Perfecto, Puro Por siempre PPF) En este libro, haré estas verdades sobre el cielo y el amor de Dios para usted tan fácil de entender que se encontrará diciendo una y otra vez, que "tiene sentido" o "Wow, Guao, nunca pensé en eso de esa manera".

Por cierto, anímese y siéntase libre para investigar todo lo que lea en las siguientes páginas. Puede buscar los hechos por sí mismo. Están respaldados por la palabra misma. Todo lo que usted lee en este libro está respaldado por la evidencia científica y de la Biblia, la Palabra de Dios. Puede investigar todas estas cosas en el Internet o en los libros de referencia y enciclopedias. Mi esperanza es que usted va a entender la realidad del cielo y del indefectible Amor de Dios para usted como nunca antes. Más adelante en este libro, voy a compartir algunas verdades científicas respaldadas por la Biblia que inspire y anime a su corazón, mente y alma. Mientras tanto, recuerde que el cielo es un lugar real que el Señor Jesús, el Cristo ha creado para usted.

¿Desea encontarse con la realidad y la verdad? Entre los grandes éxitos durante estos últimos años han sido (reality shows) programas en vivo como: *mantiene con el Kardashians, desnudo y miedo* y *la carrera asombrosa*. ¿Desea saber cual es la realidad? ¡Le daré la realidad! Voy a compartir con ustedes la mejor realidad de todas. ¡El cielo es un lugar real! ¡Que el Señor bendiga Su lectura de ésta palabra! ¡Déjase llevar!

Capítulo uno

Primer y Segundo Cielo

Hay un hombre en Cristo que fue arrebatado hasta el tercer cielo. ¿Si era en el cuerpo o fuera del cuerpo no lo sé? Pero Dios si lo sabe. Y sé que este hombre ya sea en el cuerpo o aparte del cuerpo fue arrebatado al paraíso. Había oído cosas inexpresable.
Las cosas que el hombre no está permitido decir.
-2 Corintios 12:2-4

Esas son las palabras que el apóstol Pablo escribió a la iglesia de Corinto en el año 55 al 57 d.c. ¿El "Tercer Cielo"? ¿De qué está hablando Pablo? ¿Atrapados? ¿Se fue al cielo, regresó y vivió para hablar de ello? Si lo hizo, ¿por qué parece inceguro? ¿No puede decir si estaba dentro o fuera del cuerpo? Ahora, sé lo que estás pensando: "voy a devolver este libro y recuperaré mi dinero" Pero por favor siga leyendo. Estoy construyendo una base, sentando las bases que le beneficiarán más de lo que usted se imagina. Como dije antes, en el momento en que termine este libro, todo tendrá sentido.

Volvamos a cuando escribí que la muerte no era la única forma de llegar al Cielo. Así es, cuando Pablo fue al cielo (y más tarde voy a probarlo) él estaba tan sorprendido y confundido después de esa increíble experiencia. Ahora, tome un segundo para reflexionar sobre esto. ¡La experiencia de San Pablo del Cielo fue tan impresionante! ¡Tan real que estaba aturdido, por decir lo menos! ¡Imagínese- que vió al SEÑOR JESUS! También vió a Josué, Moisés y Elías. ¡Vió las calles de oro, las puertas de la ciudad hecha de perlas y miembros de la familia vivos que los había enterrado y pensaba que estaban perdidos para siempre! ¡Allí, en el cielo, los *vió vivos*! Después de toda esa experiencia, después de ver estas cosas, no es de extrañar que Pablo no estaba seguro de si su experiencia había sido en el cuerpo o fuera de él.

Ahora, tome un segundo, use su imaginación y piense acerca de esto sucediendole a usted: usted se coloca en la mejor nave espacial y se ábre camino a través de muchos universos en el cielo. Allí, en el sitio de aterrizaje usted ve al Señor Jesús. Él le llama por su nombre y dice: "Bienvenido, mi siervo bueno y fiel. I love you. (Te Amo) "Entra en Tu descanso." Después de escuchar la voz de Dios por primera vez, le toma de la mano suavemente y usted puede sentir su profundo amor por usted. Después de todos estos años usted pensó que Dios le odiaba, pero ahora usted siente su presencia, su amor y su Paz tan fuerte que no sabe si arrodillarse o ponerse de pie. Tome otro momento y piense en alguien amado que ha fallecido. Cuando esa persona tan querida para usted murió, su corazón se llenó con tanto dolor físico que usted pensó que moriría. Quizás se sentía muy enojado con Dios. Se hace preguntas: ¿Cómo podría haber sucedido? ¿Dónde han ido? Dios, ¿Dónde estabas Tú? Durante todos estos años, con tantas preguntas en tu corazón sobre tales asuntos. Pero ahora, al entrar al Cielo, el Señor dice, "Cierra los ojos, date vueltas, ahora abre los ojos" y los seres querido están ahí de pie, pero ahora, vivos y estás tan contento porque no los habías visto durante años y pensabas que nunca volverías a verlos. Ahora los estás viendo vivos con sus cuerpos perfecto. Aquí en la tierra, describimos a las personas hermosas como asombrosa o sorprendente. Bueno, ese ser amado es ahora tan celestial, totalmente perfecto y totalmente en paz con Dios y con todos los demás que también están en el Cielo. Aquellos que una vez fueron enterrados sin piernas, ahora están con dos piernas perfectas. Los que eran ciegos ahora ven perfectamente, nunca han sentido la sensación de que se han perdido de ver las cosas de la tierra porque ahora ve completamente la belleza perfecta en torno a ellos. Los bebés que nacieron muertos ahora están caminando a través de sus padres y les llama Mamá y Papá. Las abuelas y abuelos que fueron enterrados porque el (Alzheimer) (Perdida de la memoria) finalmente les pasó factura, quienes murieon sin recordar sus propios nombres, ahora están recordando a sus familiares, seres queridos y amigos y tienen mentes tan brillantes, hacen que nuestros profesores terrenales parezcan pequeños en comparación. ¡Ahora, es una noticia impresionante de escuchar!

Recuerdo el 11 de Septiembre de 2001, como si fuese ayer. Cuando esas torres cayeron, fue una tragedia, una que nunca olvidaremos. Yo vivo en Queens, Nueva York y todavía puedo recordar el tipo de día que era. Puedo recordar el olor de las torres en llamas por toda la ciudad. Todavía recuerdo ver a todos esos órganos que sacaban de la tierra los héroe. Sí, eso es, he cambié el nombre de la zona cero al **héroe de la tierra** (libertad del escritor). Un amigo mío, un bombero llamado Benny, fue a las torres y él nunca salió. ¡Imagine ver a sus seres queridos que perdieron sus vidas en la tragedia del (World Trade Center), pero ahora vivos de nuevo! Usted pensó que estaban muertos, perdidos para siempre. Usted pasó por días, meses y probablemente años de dolor y lágrimas. Usted quizás le dolió tanto que pensó que el dolor de su corazón roto lo iba a matar. ¡Sin embargo, ahora se les ve con mejor aspecto que nunca!

Ahora, después de experimentar todo esto, probablemente debería estar en un estado de conmoción. Ahora se puede entender, ¿Por qué San Pablo parecía un poco abrumado? Lo que Pablo experimentó fue la realidad del cielo. Era el cielo en toda su gloria. Antes de que Pablo se convirtió, había sido un asesino de muchos cristianos. ¡En el cielo, vió a los hermanos y hermanas vivos! Se puede decir, que tuvo que ser llenado con gran alegría, pero seguramente estaba sorprendido por lo que estaba viendo.

Más adelante en este libro, voy a entrar en detalles acerca de lo que el Cielo parece y el tipo de cuerpos que las personas tienen allí. Voy a responder a preguntas como: "¿Hay ángeles?" y "¿Qué está pasando allá arriba?" Para entender el cielo, necesitamos saber qué dice el Creador del cielo. Entonces podemos compararlo con lo que ya sabemos.

Cuando Dios creó el mundo, él utilizó la palabra plural *cielos* para describir el cielo. Y a veces se usa la palabra singular *cielo* para describir el cielo. Génesis 1:1 afirma que: En el principio creó Dios los cielos y la tierra. Observe la palabra plural *cielos* y no el *cielo* en este versículo. Eso es porque el cielo es un lugar enorme con tres piezas diferentes. Yo creo que Dios, en su gran sabiduría, decidió utilizar las palabras el *cielo* y los *cielos* para que sea más fácil para nosotros comprender que es un lugar real llamado Cielo. Dios, en su amor por nosotros, quería hacer lo más simple posible para usted y para mi creer en Él y en su casa, el cielo. Algunos de ustedes sólo creen en cosas que usted puede ver, sentir y tocar. De hecho, para la mayoría de la gente, "ver para creer". Esa es la razón por la cual Missouri es llamado El Estado de Muéstrame. ¡Porque tienes que mostrarme! Manteniendo este pensamiento en mente, voy a conectar el cielo a lo que usted puede ver, para que sea más fácil creer en la parte del cielo que estamos tan lejos y no puedemos ver. Por cierto, he aquí un recordatorio amable: El no poder ver físicamente algo no significa que no exista. Por ejemplo, la mayoría de nosotros no hemos visto el aire que respiramos, pero sabemos que el aire existe. No podemos decir no hay aire simplemente porque usted no lo puede ver, sería insensato. ¡Si quitaramos todo el aire que no podemos ver, no duraríamos cinco minutos! Algunos de nosotros nunca hemos ido a Europa o América del Sur. Decir que estos lugares no existen sería una locura. De nuevo, yo vivo en Queens, Nueva York, en América del Norte. América del Sur está conectado a América del Norte. Decir que no creo que exista América delSur sería ridículo. Correcto, ahora, volviendo a explicar el cielo.

    Para simplificar, haré lo que la Biblia hace y explico las tres partes del Cielo. Vamos a llamar a estas tres partes del Cielo; El Primer Cielo, El Segundo Cielo y El Tercer Cielo. Empecemos con El Primer Cielo. "Los cielos cuentan la gloria de Dios". El firmamento anuncia la obra de sus manos. Día tras día, que afluya el discurso; noche tras noche muestran el conocimiento. No existe el discurso o el lenguaje donde no se escuche su voz. Su voz se esparce en toda la tierra, hasta el extremo del mundo llegan sus palabras. "En los cielos, puso tabernáculo para el sol". Cuando echamos un vistazo a este pasaje del salmo 19, vemos el cielo llamado "Cielo". Como dije antes, Dios ha hecho lo más fácil posible para usted y para mí comprender- entender que él es real, su inquebrantable amor por ti es real y el Cielo es real. Permítanme explicar.

Si usted está leyendo este libro en el interior de un edificio, salga a dar un paseo en el exterior. Si usted no puede ir fuera, a continuación, mire por la ventana. Mire hacia arriba en el cielo. Usted verá las nubes. La parte del cielo que contiene las nubes se llama El Primer Cielo. Sabemos que la primera parte del cielo existe, porque podemos verlo. Si alguna vez has volado en un avión, en realidad voló a través de El Primer Cielo. Dios dice en el salmo 19, que "Los cielos declaran la gloria de Dios". "El firmamento anuncia la obra de sus manos".

La atmósfera de la tierra está compuesta de 20.95%, 78.09% de oxígeno, nitrógeno, argón 0,93% 0,03% 0,03% de carbono y otros gases. Esto es perfecto para sostener la vida en este planeta. Con un gran conocimiento, Dios, lo ha calculado y lo hizo. Todo lo que ves, lo hizo por nosotros, porque Él nos ama mucho a ti a mí. El decir, "no creo que la primera parte del cielo existe" sería una tontería. Podemos verlo realmente. Vivimos directamente debajo de Ella. Y de nuevo, si alguna vez has volado en un avión, volaste a través de Él. Las nubes y el cielo azul que ves están en El Primer Cielo. Lo que es más importante, Dios lo dijo. "Y llamó Dios a la expansión Cielos". Y la tarde y la mañana fueron el Segundo día. "(Génesis 1:8)"

Bueno, a modo de resumen: la primera parte del Cielo es llamado El Primer Cielo en la Biblia. La primera parte del cielo comienza en nuestra atmósfera donde las nubes son y donde aviones vuelan. Hawaiian Airlines, JetBlue y todos los aviones vuelan por la primera parte de cielo-El Primer Cielo. Pasemos ahora a la segunda parte del Cielo, llamado El Segundo Cielo.

    Cuando era un niño, lo más importante en clase de ciencias era el telescopio. Puedo recordar viéndolos en todos los periódicos y revistas, de forma similar a cómo se venden los productos de hoy en día a través de teléfonos celulares, iPhones, tabletas y ordenadores!. Las tabletas que se conocían en aquel entonces eran las dos que Moisés había traídos desde el Monte Sinaí en la película *Los Diez Mandamientos*. ¡Guao, cómo han cambiado las cosas desde cuando yo era un niño! ¡Entonces, de carrete a carrete y cintas de ocho pistas junto con 45 r.p.m. simples y LPs de vinilo estaban calientes! Y había que tener un teléfono fijo. Para ustedes, jóvenes, es un teléfono con cables conectados a su casa. Cuando yo era un niño, tenías que llevarlo alrededor de su casa, o sino no se pudía hablar por teléfono, ¡LOL! En aquel momento, LOL no significa reír en voz alta, tampoco. ¡Hoy tenemos teléfonos celulares, Google Earth y curiosidad en Marte! Oh, lo siento, me puse un poco fuera de onda. De vuelta al Segundo Cielo.

    Si siguen mirando hacia arriba mientras es de día y no está nublado, verá el sol. Si es de noche y no está nublado, usted podrá ver las estrellas y la luna. Si usted mira a través de un telescopio, verá otros planetas. Con los satélites, puede ver la galaxia de la Vía Láctea. A medida que avanzamos en la ciencia y equipos, encontramos más galaxias y planetas. Las cosas que podemos ver ahora con el conocimiento que tenemos es la segunda parte del Cielo, llamado El Segundo Cielo. Todo nuestro sistema solar está en la segunda parte del Cielo. Nuestros astronautas han ido dentro y fuera de la segunda parte del cielo todo el tiempo. El transbordador espacial fue hecho para salir y entrar en El Segundo Cielo. Nuestro pequeño planeta está en El Segundo Cielo. La atmósfera de la tierra separa El Primer Cielo de El Segundo Cielo. Para nosotros, la segunda parte del cielo parece ser cada vez más y más grande. A medida que avanza la tecnología, más descubrimos. Cuanto más descubrimos, más nos demuestran lo que Dios ha hecho. Por ejemplo, la palabra *firmamento* realmente significa "extensión." a medida que aprendemos más, el Cielo parece ir en aumento. Estamos encontrando más estrellas y planetas. El 19 de Julio de 2012, leí un artículo sobre científicos que encontraron un nuevo planeta llamado UCF-1.01. El planeta es de treinta y tres años luz de distancia. (Por cierto, voy a compartir más en años luz posteriormente) El nuevo mundo, como le llaman, se encuentra en la constelación Leo, el León. De hecho, desde 1995, los científicos han descubierto más de 700 planetas más grandes que Júpiter. (Siéntase libre de investigar esto si lo desea) Los planetas no estaban perdidos, solo necesitanban ser encontrados. *Ya estaban allí.* ¡Para nosotros, el universo parece estar expandiéndose, pero para Dios ya está hecho! ¡Y es asombrozo que lo hizo en Seis días!

Vio Dios todo lo que había hecho y era muy Bueno. "Y hubo una noche y hubo una mañana; el sexto día. En el Séptimo día Dios había terminado la labor que había venido realizando, por lo que en el Séptimo día descansó. Pensar que una diminuta hormiga está en su casa, apartamento o condominio. Como camina alrededor de su casa, el lugar puede parecer enorme y nunca termina. Para usted, el lugar no es lo suficientemente grande, pero a la hormiga, el lugar le parece más y más grande. Tome esa misma hormiga y colóquela en Quinientos acres de tierra con una mansión de 59 cuartos. Está entendiendo. Para la hormiga, la mansión es extremadamente inmensa y nunca termina de recorrerla. Es lo mismo con El Segundo Cielo. Como hacen mejores y más capaces cohetes, naves espaciales, satélites, tecnología, etc., estamos encontrando más en el espacio. Cuanto más nos encontramos en el espacio, mayor nos parece a nosotros el Universo. No tenemos la capacidad de verlo todo. Pero sólo porque no tenemos la capacidad ahora no significa que no existe. Está allí, pero no tenemos la tecnología para llegar Él y verlo todavía. Piense en ello: tan sólo hace treinta años, usted no tenía un teléfono cellular portátil o reproductor de CD y pronto incluso pueden estar obsoleto. Hasta que el hombre aterrizó en la Luna hace más de 40 años, los viajes dentro y fuera del espacio no era posible. Pero ahora contamos con las naves espaciales y estaciones espaciales. Cuando Cristóbal Colón salpó a navegar, pensamos que esta tierra era el único planeta en existencia. De hecho, la mayoría de la gente pensaba que la tierra era plana y creían que Cristóbal Colón estaba loco en creer que el mundo era redondo. Algunas personas pensaron que cuando Colón partió, iba a caer al final de la tierra. En ese momento si le hubiéramos dicho a Colón acerca del Segundo Cielo y que íbamos a volar dentro y fuera de él, quizás Él hubiera pensado que no estábamos bien de la mente. ¡Nos hubríera llamado locos a nosotros de la misma forma que muchas personas le llamaban-loco!

    Ahora bien, sabemos que el segundo cielo existe porque podemos ver parte de él. Si miramos hacia arriba, podemos ver las Estrellas, la Luna y el Sol. Además, nuestro equipo espacial ha volado más de cientos de misiones dentro y fuera de la parte llamada El Segundo Cielo. Para que la gente diga que ellos no creen en El Segundo Cielo simplemente porque no han estado allí, para sentirlo o tocarlo sería una tontería. Es como la hormiga en una mansión con quinientos acress. Si la hormiga piensa que su hormiguero es todo lo que hay de bueno, lo has adivinado: la hormiga sería una tonta. Los Cielos, como Dios lo llama, es tan grande, tan colosal y tan enorme que no tenemos la tecnología todavía para ver todo. La mayoría de las cosas que podemos ver a través de telescopios y satélites están muy lejos de nosotros. Están tan lejos que la distancia no se mide en kilómetros. La distancia se mide por el tiempo o los años que tardaría en llegar si se viaja a la velocidad de la luz. Esto se llama Años Luz. Ahora, la luz viaja a 186.000 kilómetros por segundo. En un minute, usted tiene 60 segundos. En una hora, usted tiene sesenta minutos. En un día, usted tiene veinticuatro horas y hay 365 días en un año. Por lo tanto, la velocidad de la luz viaja alrededor de seis billones de millas en un año luz 5,88 billones, para ser exactos. En otras palabras, un Año Luz equivale a seis billones de millas de distancia. Podemos decir que un Año Luz de distancia en millas es *muy* lejos. La estrella más cercana a la tierra es Proximal Centauri. Proximal Centauri está aproximadamente de cuatro y un cuarto años luz-que es alrededor de 25 billones de millas de distancia. El universo que podemos ver con nuestra tecnología está a 13 mil millones de años luz de diámetro. Esto es lo que sabemos con el conocimiento que tenemos. Deténgase y piense en ése número trece mil millones de años luz. En millas, usted puede hacer las matemáticas es muy, muy lejos. La galaxia en que vivimos está girando a una velocidad de 490.000 millas por hora. Pero incluso a esta velocidad tan rápida, nuestra galaxia tardará doscientos millones de años para hacer una rotación completa. Hay más de mil millones de galaxias en el universo. Ahora, por encima de ella y tan lejos que no tenemos una medición para ella, es la morada de Dios, El Tercer Cielo. Éste es el verdadero lugar llamado Cielo.

Correcto de nuevo, sólo para recapitular. El nivel de las nubes donde vuelan aviones se llama la primera parte del Cielo, o simplemente El Primer Cielo. El lugar en donde uno puede ver las Estrellas, la Luna, el Sol, o el espacio ultraterrestre se llama la segunda parte de los Cielos o El Segundo Cielo. Ahora, muy por encima de todas las cosas y tan lejos que no podemos verlo con nuestras insignificantes cosas terrenales es la morada de Dios en El Tercer Cielo, o simplemente El Cielo.

Capítulo 2

Dios puede resucitar a los muertos: el Evangelio de semillas

Oremos: Padre, ahora éste libro tendrá lectores en la parte del cielo donde estás. Señor Jesús, bendice a estos lectores a medida que continúan leyendo. Dales el entendimiento y la sabiduría de tu Espíritu Santo para que puedan comprender las cosas que están a punto de leer. Dales la valentía para seguir leyendo y otorgales los ojos espirituales para poder ver lo invisible. Toca sus corazones y deja que se abran a ti, Señor. Hazles sentir tu amor por ellos, como nunca antes. Algunos de los lectores necesitan un milagro. Oramos por su milagro y te damos gracias, Padre, porque escuchas nuestra oración. Sabemos que cuando dos o tres están reunidos en Tu nombre, estás allí con ellos y Tú estás aquí con nosotros ahora. Toca a los lectores y sus familias como nunca antes. Señor, mientras están leyendo éste libro, estarás trabajando en las cosas que les interesan. Permitesles ver los frutos de su trabajo. Bendicelos, oh Dios. Donde hay preocupación, otorgales la Paz en su lugar. Donde hay tristeza, alegría. ¡Romper todo yugo de servidumbre! ¡Curales, oh Dios! ¡Ten misericordia de ellos y llenaslo de Tú Espíritu Santo! En el nombre de Jesús el Cristo, te lo pido. Amén.

La tercera parte de los Cielos o El Tercer Cielo es donde está Dios. Por ahora, vamos a decir simplemente el Cielo. Este es el lugar con el que muchos de nosotros soñamos. Este es el lugar donde todos deberían quiere ir, El cielo es el lugar donde todos podemos ir realmente. Si queremos y recibimos ese regalo eterno de Dios, el regalo de la vida eterna. ¡En el cielo, no hay enfermedad! ¡Sin miedo! ¡Ninguna muerte! ¡Las tinieblas no existen, sólo la luz! ¡Sólo el amor, interminable e incondicional amor! ¡El amor perfecto de Dios nos rodeará a todos, junto con la belleza de su bondad y su santidad!

Hasta ahora, estábamos tratando con El Cielo en tres partes. El Señor usa el plural de la palabra *Cielos* en la Biblia a fin de que el cielo sería más fácil de comprender. Dios es el que le anima a creer en la parte del Cielo donde Él está, la que no puedes ver, conectándolo con la parte del Cielo que puedes ver. Si ha estado leyendo este libro desde el principio, sabe que la primera y la segunda parte del cielo si existen porque podemos verlas. El Tercer Cielo, sin embargo, es tan alto y sublime que no podemos verlo. Dado que no es visible, algunas personas les resulta difícil creer en él, porque no pueden verlo. Sin embargo, todos debemos comprender que sólo porque no podemos ver realmente ciertas cosas no significa que no están allí. Por ejemplo, el aire (oxígeno) que respiramos día y noche para la supervivencia no se ve, pero no por eso el *aire no existe*, independientemente del hecho de que no podemos ver claramente. Así, tan sólo porque no podemos ver el tercer cielo no significa que no está allí. El cielo es un lugar real, la casa del Dios Viviente, Cristo, Nuestro Señor. ¡En el cielo, hay gente real, personas vivas, no sólo sus espíritus pero sus cuerpos reales glorificados! Uno de los grandes mitos es que el cielo es sólo un lugar espiritual o que el cielo está sólo en el reino espiritual. Esto puede sonar bien, pero que no es totalmente cierto. El cielo es un lugar físico real.

Es comprensible que algunas personas encuentran ciertas cosas difíciles de creer. Sin embargo, la eternidad, el destino de muchas personas está en juego para aquellos que optan por no creer. Sería absurdo pensar que Dios, que ha hecho nuestra primera casa-la tierra-no podría realizar nuestro segundo hogar con él en el cielo. Por supuesto que puede y por supuesto que ya lo ha hecho. ¿Por qué es difícil creer que el Dios que hizo las Estrellas, la Luna, el Sol, la Vía Láctea y nuestro Universo no podría hacer un paraíso para sí mismo y para nosotros para habitar con Él? ¡Piense en esto! ¿Sabe usted como suena? Es tan absurdo como si un hombre se va de vacaciones y se hospeda en el hermoso lugar llamado Trump Towers y luego se dice a sí mismo, ¿Me pregunto si Donald Trump, el constructor de este hermoso hotel, tiene un lugar para vivir para sí mismo? "Por supuesto, él tiene un lugar para él" Sin embargo, esto es lo que algunos hacen con Dios. ¡Queremos vivir y disfrutar de la tierra que él creó para nosotros, hemos de beber su agua y respirar el aire que él hizo para nosotros, sin embargo, algunos pueden encontrar difícil de creer que él existe y que él tiene un lugar para si mismo! ¡Pienselo! Algunos de nosotros hemos sido bendecidos para ver algunos de los lugares más hermosos en el mundo que él ha creado como Hawai, Cancún y así sucesivamente. La gente ve nuestra Galaxia, nuestro Universo y luego dicen que no creen que Dios podría hacer el Cielo. No creen que hay un Cielo y peor aún, algunos no quieren creer que hay un Dios. ¡Vamos, ahora! Dios dice: "El necio ha dicho en su corazón: No hay Dios...El Señor desde los cielos miró sobre los hijos de los hombres para ver si había alguno que entiendiera y buscara a Dios. "(Sal.14:1-2). (Por cierto, para que los jugadores que "Ps" significa el libro de los salmos en la Biblia y no "play station)" En esencia, Dios ha hecho tan fácil para usted creer en él, le dice que está siendo un tonto si no lo necesita.

De nuevo, el cielo está muy lejos de la tierra. No hay nada artificial que le llevar hasta allí. No hay nada artificial capaz de medir la distancia del cielo a la tierra. Para probar un punto, digamos que el cielo es de 777 billones de años luz de distancia. Ahora, recuerde que sólo Dios y aquellos que están en el cielo saben la distancia de la tierra al cielo. Pero para hacer un punto, si el cielo sólo estuviera sólo 777 billones de años luz de distancia, nos quemaríamos intentando volar en un cohete para llegar allí. La nave tendría que viajar tan rápido o más rápido que la velocidad de la luz. Piense en eso, ¿Alguna vez has visto un relámpago en el cielo? El relámpago viaja a la velocidad de la luz y como usted ya sabe, la luz viaja muy rápido. ¿Recuerde Años Luz? Como expliqué anteriormente, un año luz equivale a la distancia de unos seis billones de millas de largo (5.8 billones, para ser exactos). ¡Para conseguir el cielo, necesitaríamos viajar mucho más rápido que el relámpago! Creo que el cielo está mucho más lejos que mi pobre conjetura de 777 billones de años luz.

Por tanto, la pregunta es: ¿Cómo puedo llegar al Cielo? Hay dos maneras de llegar al Cielo, pero sólo hay un camino para llegar *al* Cielo. Voy a repetir esto de nuevo. Por favor lea esta parte lentamente: hay dos maneras de llegar al Cielo, pero sólo *una forma* de llegar al Cielo. Por ejemplo, puede haber muchas maneras para mí para llegar a su casa. Yo podría tomar la autopista o podría conducir a través de las calles de la localidad. Desde manejar una Harley-Davidson V-Rod, yo podría ir en moto o podría tomar un taxi a su casa o tomar el autobús. Yo también podría coger el tren a su lugar, pero una vez llego a su casa, tiene que dejarme entrar. Yo podría montar mi moto a la puerta de su casa y sí, aunque yo estoy a la puerta y llamo, si no se abre la puerta, no puedo entrar. Asimismo, hay dos maneras de llegar al Cielo. Puede morirse e ir al Cielo o Dios puede trasladarlo vivo al Cielo. Una vez que llegue al Cielo, sin embargo, sólo hay un camino para acceder al interior de la ciudad Dios mismo tiene que dejarle entrar. En línea con mi tema de mantenerlo simple, vamos a dividir esto en dos partes. ¡La Primera parte morir e ir al Cielo! ¡La Segunda parte ir al Cielo con vida! Por lo tanto, el nombre de este capítulo: "Dios puede resucitar a los muertos: El Evangelio de Semillas".

Bueno, vamos a tratar con la parte fácil: la muerte. Voy a hacer tres de las más audaces declaraciones que usted probablemente jamás ha escuchado: 1º ¡Dios puede resucitar a los muertos! 2º ¡Usted puede vivir para siempre! ¡Y por último, pero no menos importante puedo demostrarlo! ¡Hagamos estos tres en uno: Dios puede resucitar a los muertos, se puede vivir eternamente y puedo probarlo! "Porque de tal manera amó Dios al mundo que entregó a Su Hijo unigénito, para que todo aquel que en Él cree, no se pierda, mas tenga vida eterna" Ahora, aquí está el reto para usted. Si puedo demostrar que hay vida después de la muerte y que Dios puede resucitar a los muertos, quiero que ponga su Fé en Dios y entregue su vida a Él. Aquí está la mejor parte: ¡El le dará vida eterna! ¡Es la oferta de la eternidad! ¡La confianza en Dios y usted tiene que vivir con él y su familia en el Cielo para siempre!

Ahora, pensemos en el dinero que un montón de estrellas de cine se gastan en tratar de vivir para siempre. Algunos de los lectores de este libro son muy ricos y famosos, gastan millones de dólares en Cirugías Plástica y Botox, tratando de lucir perfectos. Pero ustedes nunca están satisfechos con su apariencia. ¡E incluso si usted está cerca de la perfección, un anhelo permanece en su corazón que le lleva a pensar que debe ser más perfecto en esta vida! En el fondo, usted sabe que en este planeta, puede tener hasta 120 años de vida en su mayoría. ¿Entonces qué? No sólo es Dios ofreciéndole eternidad o la vida eterna, pero también puede concederle una vida más abundante aquí en la tierra. Ahora, es una oportunidad que *no debe* rechazar. Donde usted va a pasar la eternidad dependerá de su decisión ahora, mientras todavía está aquí en la tierra, viviendo esta vida temporal. Su elección debe hacerse mientras aún está vivo ahora. Dios ofrece el perdón de los pecados, una conciencia clara y lo que es más importante, la vida para siempre con él y también podrá disfrutar de la vida por siempre: con toda la gente que cree. ¡Si puedo demostrarle que existe la vida eterna, sólo le habrá costado el precio de este libro! ¡Usted vivirá para siempre! ¡Viviendo eternamente con Dios, quien le ama! Y ¿Por qué no con el amor de Dios? Parece simple de entender que si alguien quiere que vivas con él o ella para siempre, entonces él o ella realmente deben amarte. ¡Por cierto, creo que debería poner su fé en Dios, simplemente porque él es el Dios y punto! Pero para mi gente de Missouri, si puedo probar que hay vida después de la muerte y que Dios puede resucitar a los muertos, entonces usted va a entregar su vida a él. Si no puedo demostrar que hay vida después de la muerte y que Dios puede resucitar a los muertos, entonces no tienes que hacer nada, pero mantenga la lectura de este libro, porque estoy seguro de que va a cambiar de opinión más adelante. Recuerde, estamos tocando a la puerta del Cielo. Todavía tenemos que entrar. Al describir lo que está dentro de la ciudad en la que vivirá, usted querrá ir allí. Además, ¿No queremos todos vivir para siempre con el Dios vivo, amoroso, amable, maravilloso, majestuoso?

¿Puede Dios resucitar a los muertos? ¡Sí, Dios puede resucitar a los muertos y puedo probarlo! ¡Que declaración tan profunda! En realidad, cada uno de nosotros ha visto a Dios resucitar a los muertos. El lo ha hecho tantas veces y es tan común que lo damos por descontado (hablaremos más sobre esto pronto). El apóstol Pablo también se enfrentó con la misma pregunta en el año 55 d.c. Algunas de las personas de ese entonces no quisieron creer lo que dijo Pablo cuando declaró que Jesús el Cristo estaba vivo. Muchos de nosotros sabemos que Jesús fue brutalmente golpeado y crucificado por mi pecado, su pecado y los pecados del mundo. Después de tres días, Jesús resucitó de la tumba. Por eso, cada año, celebramos el día de Viernes Santo para recordar el día en que Jesús murió por nosotros por su gran amor. A continuación, en la Pascua (Domingo de Resurrección), nos alegramos enormemente, recordando el día en que Jesús resucitó de entre los muertos. Después de la resurrección, Jesús se apareció a un hombre llamado Cefas. Después de eso, él fue a visitar a los doce discípulos y otros por cuarenta días. En su forma de ver los discípulos, se apareció a las dos Marías: María Magdalena y María madre de Jacobo. De hecho, lo que mucha gente no sabe es que Jesús fue visto por más de quinientas personas a la vez, después de que él había vuelto a la vida. Aquí está la respuesta de Pablo para quien dice que no hay resurrección de los muertos:

> No se deje engañar: las malas compañías corrompen el buen carácter. Vuelva a sus sentidos como debería y deje de pecar. Pero alguien puede preguntar, "¿Cómo son los muertos? ¿Con qué cuerpo vendrán?" ¡Qué tonto! Lo que tú siembras no cobra vida a menos que muera. Cuando siembras, no plantaras el cuerpo que será, sino sólo una semilla, quizás de trigo o de otra cosa. Pero Dios le da el cuerpo como él ha determinado y a cada

tipo de semilla le da su propio cuerpo. Toda carne no es la misma: los seres humanos tenemos una clase de carne, los animales tienen otra, las aves, los pescado etc. También hay cuerpos celestes, pero el esplendor de los cuerpos celestes es una especie y el esplendor de los cuerpos terrenales es otra. Así también es la resurrección de los muertos. El cuerpo humano que se sepulta es perecedero, pero serán resucitados imperecederos. Puede ser sepultado en vergüenza, pero ser elevado en gloria. Ser sepultan en debilidad, pero se elevarán en poder. (1 Cor. 15:33-43)

Bueno, aquí está lo que Pablo estaba diciendo: La prueba de que Dios puede resucitar a los muertos ha estado justo delante de nosotros y nunca hemos pensado que es cierto. Está en la semilla. Lo que planta en la tierra no crece en una planta salvo que muera primero. Una persona puede colocar una semilla en el suelo muerta, sin embargo, es Dios quien lo lleva de vuelta a la vida y le da un nuevo cuerpo como la planta que era antes de que muriera. Si una persona siembra semillas de hierba muerta en el suelo, sale un césped hermoso. Uno puede sembrar semillas de tomate muerta en el suelo y a continuación, Dios levantará a partir de esa semilla una planta de tomate viva y dará tomates.

    Aquí tenemos otra y quizás la más importante, por ejemplo: Un hombre puede enterrar el cuerpo de su mamá o papá, sin embargo, Dios envía ángeles para recoger sus espíritus y llevarlos al cielo. En los cielos, Dios les da nuevos órganos que son perfectos. Enterramos la carne que se convierten en polvo y a continuación, en los cielos, Dios provee un cuerpo glorioso que nunca morirá. Al igual que le había dado a la semilla, Dios da a nuestros seres queridos nuevos cuerpos. Los viejos cuerpos reposan en el suelo. En el cielo, nuestros seres queridos tienen órganos nuevos que son perfectos en todos los sentidos y que nunca morirán. La semilla de pasto o las semillas de tomate no se parecen en nada a la nueva planta. La semillas se secan, se marchitan y mueren. Pero cuando las nuevas plantas vienen, usted sabe que algunos son de hierba y algunos son los tomates. Usted puede ver la diferencia. ¡Lo mismo sucede con nosotros: enterramos los órganos que son imperfectos y no tienen vida, pero los nuevos órganos que Dios da a las personas son perfectos y vivirán eternamente y vamos a conocernos y ver la diferencia!

Antes de ir más lejos, piense en esto: Si Dios nos ha dado el cuerpo que tenemos ahora, ¿Qué te hace pensar que él no te dará otro que es perfecto? El ya les ha dado un cuerpo a través de dos seres humanos imperfectos (su madre y su padre) y usted es la prueba viviente de eso. De modo que Él es definitivamente capaz de darle un nuevo cuerpo perfecto, todo por sí mismo.

     ¿Quiere más pruebas? Si usted tiene un paquete sellado de semillas de pasto (o semillas de tomate, semillas de calabaza, etc.) puede utilizarla como una ayuda visual para ayudarle a entender. Si no tiene ningún tipo de semillas para que las pónga en una bolsa Ziploc de plástico, o cualquier bolsa. Puede poner algo en la bolsa y cierrela, para pretender que es la semilla. Si no tiene nada, tengo una bolsa sellada de Kentucky bluegrass Wonderlawn semilla que nunca ha sido abierto, de modo que continúe en tu mente. Ahora, imaginen mi bolsa sellada de hierba. Es una bolsa de dos Libras, que nunca ha sido abierta. Está sellada herméticamente para que ningún aire, agua o tierra pueda entrar en Ella. Así ha sido desde que la compré. Para aquellos de ustedes que tienen un verdadero paquete de semillas, quiero que tome ese paquete en su mano. Cuando usted compra semilla de pasto, es generalmente en una caja o bolsa de plástico sellada. Ahora, mire la bolsa sellada. La bolsa está sellada del aire. Ahora, pregúntese lo siguiente: "¿Nada puede vivir sin aire?" La respuesta es no.

    Mira la bolsa de nuevo. La semilla en la bolsa está sellada del suelo, que contiene alimento para la semilla. Ahora, pregúntese lo siguiente: "¿Nada puede vivir sin alimentos?" una vez más, la respuesta es no. Por último, pero no menos importante, todo ser viviente necesita agua. De hecho, todos los seres vivos se componen de un porcentaje de agua. El agua es esencial para la vida. Mire el paquete una última vez. Observe que el paquete está aislada de agua. Pregúntese esto: "¿Nada puede vivir sin agua?" La respuesta rotunda es no. Las semillas en el paquete están-Lo has adivinado-muertas. Ahora, si usted y yo tomáramos nuestras semillas de pasto, semillas de tomate y semillas de calabaza de sus paquetes para que pudieran tener aire para respirar y luego las pusieramos en el suelo para que tengan alimentos para comer y luego vertieramos agua sobre ellas para que tengan agua para beber, entonces Dios por Su Espíritu Santo levantará la semilla de entre los muertos. Se planta una semilla muerta, pero Dios lo trae a la vida. Podemos enterrar los cuerpos sin vida de nuestros seres queridos por quienes nos preocupamos tanto, como una madre (como yo lo hice), o un padre, hijo, hija, hermano, hermana, amigo, tía, tío, la abuela, el primo a quien luego de Dios por Su Espíritu Santo los resuscita a de entre los muertos y les da un nuevo cuerpo que no morirá jamás. Por eso, Cristo Jesús, al hablar de su inminente muerte en la cruz, dijo: "Ha llegado la hora para que el Hijo del hombre sea glorificado. "De cierto, de cierto os digo, que si el grano de trigo no cae en la tierra y muere, queda solo; pero si muere, produce mucho fruto" (Juan 12:23-24), el Señor usó las semillas como un ejemplo que se puede sujetar en la mano y ver que él tiene el poder para levantarlo a usted o cualquier otra persona que cree en él. Él tiene todo poder y autoridad para levantar nuestros cuerpos de los muertos. Jesús sabía que su sola muerte podrían salvar muchas vidas para Dios. De nuevo, el tema en este libro es que Dios ha hecho las cosas celestiales tan simple de entender, por lo que ya sabemos, que incluso un cavernícola podría creer ¡Mire a su alrededor!. Dios creó este mundo de la nada, de manera que al elevar los muertos es un pedazo de pastel para él. Cuando las personas mueren, toman sus respiraciones pasadas sobre la tierra y sus próximas respiraciones en el cielo. Una vez en el cielo, usted recibirá un nuevo cuerpo y esto ocurre en un momento: sí, más rápido que el chasquido de un dedo.

Antes de adentrarnos más en lo eterno, les animo a hacer algo que es de mayor importancia. Ahora que usted ha leído hasta aquí sobre lo que yo creo que es una excelente prueba de que Dios puede resucitar a los muertos, estoy firmemente y fervientemente seguro de sugerirles que les entreguen su vida al Señor, si no lo han hecho ya. Cuando usted le da su vida a Él, Él le dará Su Espíritu Santo. ¡El Espíritu Santo es su garantía de que usted vivirá para siempre! El le recuerda que le pertenece a Dios y le ayuda a darse cuenta de que eres parte de él. Piénsalo de esta manera: ¡El en nosotros y nosotros en él! Estarás en paz y uno con Dios. ¡Dios no solamente desea que vivas con él para siempre, sino que también le da su Espíritu como garantía! (Porque no puede negarse a sí mismo.) Por cierto, el mismo Espíritu Santo le ayudará a comprender el resto de este libro.

Ahora, la mayoría de las personas creen que cuando mueren, van al cielo. Muchos no tienen la esperanza de que hay algo después de la muerte. En el fondo de sus corazones, todos saben que esta vida no podría ser todo lo que hay y que es justamente eso. Sin embargo, algunos pueden encontrar más difícil cuando empiezan a leer sobre ir al cielo vivo. Si ese es el caso, entonces usted necesita El Espíritu Santo para ayudarle a entender esto. ¿Has pensado que la primera parte de este libro fue difícil de comprender? Bueno, la verdad es que sin El Espíritu Santo, el resto de este libro puede ser demasiado para que usted pueda manejarlo.

Dios es santo. La Biblia dice que sin santidad, nadie puede ver a Dios. Observe la palabra clave *Santo*. Aquí está el problema de la humanidad: Dios es Santo, sin embargo, en nosotros mismos, no lo somos. Dios es puro; nosotros no lo somos. Dios es justo y nosotros no lo somos. El cielo es un lugar que es santo, pero nosotros no lo somos. El cielo es un lugar que es puro, la morada de los justos, pero nosotros no lo somos. Dios nos ama mucho, pero él odia el pecado. Nos encanta el pecado y algunos de nosotros no nos gusta Dios. Algunos de ustedes incluso odian a Dios. Dios aborrece el pecado porque nos separa de él y puede matarnos. Nos gusta el pecado, porque pensamos que es divertido. Aquí está un ejemplo. Nos gusta el pecado de dañar nuestro cuerpo por fumar cigarrillos y pensamos que es divertido. Dios le ama, pero odia el pecado porque le puede dar cáncer de pulmón y matar.

Creemos que Dios es solo este tipo Viejo que no está de moda con los tiempos e intentando quitarnos nuestra diversión. Pero Dios le ama tanto que hizo que los fabricantes de cigarros pongan las etiquetas de advertencia de cancer en los paquetes de cigarrillos porque no quiere que el cigarillo le mate. Si el cigarrillo no le mata, puede acabar por tener que vivir con un pulmón, sin lengua, un agujero en su garganta, sin dientes, le faltarán los dedos de los pies, primero los dedos y así sucesivamente. Esto no es cómo Dios quiere que pase el resto de su vida. Dios le ama mucho y sólo quiere cosas buenas para usted.

    Dios nos ama a todos, pero él odia cualquier acto de auto-destrucción. El creó personas para que tengan vida y la tengan en abundancia.

    La humanidad como un todo, a veces ha tenido la falsa idea de que Dios está intentando quitarnos algo que es divertido. Pero de nuevo, como con los cigarrillos- las fabricas ahora tienen que poner las etiquetas de advertencia de Cancer en los paquetes, debido al daño que causa, el Señor no quiere ver a nadie herido, así que él se aseguró de que las leyes de la tierra fueran colocadas de manera que los límites en general no estarían cruzado. Si alguien decide hacer caso omiso de cualquier advertencia, entonces seguramente tendrá consecuencias. Para entonces, nadie debería intentar de culpar a Dios por las consecuencias que el pueblo eligió, aunque muchos finalmente lo hagan.

Aquí hay otro ejemplo. ¡Tiempo del martillo! ¡En Nueva York, nos gusta el pecado de ir al bar y obtener Martilladas! Para el beneficio de todos los ciudadanos del país que leen este libro, se denomina ¡Emborracharse! En Nueva York, es tiempo del martillo. Dios le ama, pero odia el pecado de la embriaguez. De nuevo, creemos que Dios es un aguafiestas quién no desea que te diviertas. Pero Dios sabe que si se emborrachan y luego conducen, pueden matarse y matar a otros. Muchos de nosotros hemos disfrutado el pecado de emborracharnos. Algunos de nosotros nos hubiera gustado ir al bar a "obtener martillasos" sí- emborracharse. Dios le ama y yo, pero él odia el pecado de la embriaguez. Otro de los efectos del pecado de la borrachera es que el alcohol puede destruirle a una persona sus órganos, llenando sus últimos años sobre la tierra con el dolor extremo. Lo curioso es que por dentro, la gente sabe que Dios es justo. Es por eso que cuando nos vemos en apuros o demasiado borracho, elevamos a Dios nuestras suplicas, "¡Oh Señor, por favor Si me ayudas en este último tiempo, nunca voy a hacerlo de nuevo!" Inodoros en todo el mundo han escuchado oraciones similares. Se han escuchado en cada idioma.

    Dios es justo. Las consecuencias se siguen los pecadores no arrepentidos. Si Él no castigara a los pecadores, entonces Hitler habría llegado lejos con más de Seis Millones de asesinatos. No importa lo divertido que es el pecado, siempre va a traer consecuencias. Por ejemplo, si un hombre está jugando con la esposa de otra persona, la ira del marido sólo puede llevarlo a matarla a Ella y al otro hombre. Si el marido no los descubre, lo mas probable es que algún tipo de enfermedad-como el SIDA y/o alguna otra enfermedad podría hacerlo. Porque Dios es justo, él no puede permitir que nadie se mantenga pecando sin ser castigado. Cuando usted realmente piensa en ello, el pecado es fácil pero termina siendo un trabajo duro. Todos queremos ser pagado por nuestro trabajo duro. Todos debemos conseguir nuestros salarios por el pecado, nos lo merecemos. Quiero decir: ¡No desea hacer todo ese trabajo gratis! Todo el mundo quiere ser pagado con sus salarios, ¿verdad? Así es, el salario del pecado es la muerte, el infierno y la separación de Dios. Bien, no quiero ese pago y usted no desea ser pagado con eso. ¡Por lo tanto, necesitamos un Salvador! Alguien que morirá para tomar mi lugar así que no tengo que hacerlo.

    Sabemos que en algún momento de sus vidas, nuestros seres queridos que están en el cielo, entendierón este gran problema e hizo la paz con Dios. Con sus últimos alientos, algunos lloraban, "¡Jesús, perdóname!" y por cierto, si la gente piensa a sí mismos que esperan hasta su último día en la tierra para arrepentirse, bueno...la verdad es que mañana no está prometido a nadie. Cristo Jesús vino y tomó nuestro lugar y cuando él murió en la cruz, él pagó por mi pecado y el pecado de todos de una vez por todas. De hecho, pagó por los pecados de todo el mundo sí, todos en Ella. El murió para que usted no tenga que morir. Él fue traspasado por nuestras rebeliones, fue triturado por nuestras iniquidades; el castigo de nuestra paz fue sobre él y por su llaga fuimos nosotros curados. Él murió para que podamos ir a Dios y recibir su perdón. Jesús es el pago por el pecado. Jesús es el camino al cielo y nos hace sentir en paz con Dios. Es por eso que Jesús dijo: "Yo soy el camino, la verdad y la vida. Nadie viene al Padre, sino por mí. "(Juan 14:6) "
"Ciertamente les aseguro que el que oye mi palabra y cree al que me envió, tiene vida eterna y no será

condenado, sino que ha pasado de muerte a vida." (Juan 5:24).

¡Mire lo mal que Dios nos ama y nos quiere! Hemos pecado y Dios debería destruirnos, sin embargo, se le ocurrió una manera de pagar por nuestro pecado sin castigarnos. Piénsalo de esta manera: Tengo dos hijas gemelas, por ejemplo y si una hace un desorden y la otra quiere limpiarlo, no tengo ningún problema con eso. El lugar todavía se limpia. La gemela tomó el lugar de los demás y limpió el desorden y yo el papá-soy feliz. Así, esta imagen: ¡Cristo Jesús es su gemelo de pecado!. ¡Aunque él no tenía pecado, él tomó su lugar junto con el castigo que merecemos usted y yo! Con el pecado, hemos hecho un lío de nuestras vidas. Jesús pagó por nuestros pecados y vino a limpiar nuestros desordenes y él continuará para limpiarnos a nosotros. Todo lo que Dios quiere para nosotros es que nosotros creamos en lo que él ya ha hecho por nosotros, abandonemos nuestro pecado, pedir su perdón y le demos las gracias por lo que ha hecho. Entonces Dios no tendrá un problema con nosotros.

Piénsalo de esta manera: Sin el pecado significa "¡Deténganlo ahora!" Para mis lectores jóvenes, he aquí otro ejemplo confeccionado. ¡Dios escribió el SAT y le dio la respuesta a la prueba, por así decirlo!

La respuesta es CRISTO JESÚS! Ser SAT, que significa "Salvado por todos los Tiempos.

Bien, aquí hay otra oportunidad para aquellos que todavía no han recibido el perdón del Señor. Tomen este tiempo para orar y recibir por fé el perdón de sus pecados y recibir SU ESPÍRITU SANTO. Repite esto en voz alta si puedes. Si no, entonces simplemente ora en tu mente mientras lees:

> Señor, necesito tu ayuda. Soy un pecador que necesita perdón. Yo decido creer por Fé que Jesucristo murió por mis pecados y que resucitó de entre los muertos y está vivo en el cielo. Pongo mi confianza en ti, Señor y pido que me perdones por mi pecados. Espíritu Santo, pido que vengas, vivas en mí y me des fuerzas. Fortaleceme para vivir esta vida en tu justicia y ayudame a vivir para tu gloria, para que pueda ayudar a otras personas en su momento de necesidad. Te lo pido en el nombre de Cristo. Amén.

Si usted hizo la oración anterior, este es el mejor día de su vida. Usted podría haber sentido su presencia amorosa mientras oraba, o puede no haber sentido nada en absoluto. Sin embargo, no importa, la conclusión es que usted es hijo de Dios eternamente y él comenzará a hacer cosas increíbles en Su nueva vida cambiada. Siéntase libre para conmemorar esta fecha y hora, en un calendario o en este libro-puede que desee recordar el día. ¡De nuevo, este es el mejor día de su vida y usted nunca será el mismo!

Si usted no dio su vida al Señor, sin embargo, mantenga la lectura; puede tener otra oportunidad. Pero les pido que piensen en esto: Ustedes pueden trabajar para una gran empresa o un pequeño negocio y en su trabajo, hará lo que sea que el jefe de la empresa diga. Si intenta hacer lo que quiera y no seguir las órdenes, será despedido. No le dice al jefe en su trabajo, "Bueno, no creo que tenga que ser de esta manera". ¡En el trabajo, haces lo que le dicen, o pronto se encontrará fuera de un trabajo! Para aquellos de ustedes que son presidentes de compañías, ¿Qué pasaría si sus empleados se acercan a usted y dicen que no le gusta la forma de hacer las cosas? Lo más probable es despedirlos en un minuto. ¡Pensar que alguien que trabaja para usted tendría el descaro de decirles que no van a hacer las cosas a su manera! ¡Algunos de ustedes son CEOs se enojarían tan solo de pensarlo! Aquí está mi pregunta para todos los lectores de este libro: ¿Cómo usted, yo o cualquiera se atrevería a decirle a Dios que lo que él ha hecho ya para todos nosotros no es suficiente? Lo que Cristo pagó en la cruz es más que suficiente. Piense en esto: El es el creador de todo el universo, mucho más que la humanidad, mucho mayor que su jefe o los reyes de este mundo, El es el creador de la humanidad. Piense en lo que Jesús pasó a través de usted. Si has visto la película " *La Pasión de Cristo"*, entonces tiene una pequeña muestra de lo que Jesús pasó por usted, porque si leyeras la Biblia, comprenderías que por el bien de Hollywood, Mel Gibson realmente se contuvo. De hecho, antes de que él lanzó la película, se la mostró a algunos de los principales líderes religiosos y los maestros. Algunos de ellos dijeron a Mel que pensaban que iba demasiado lejos. ¡Mel les dijo que él se había estado conteniendo y les preguntó si habían leído la Biblia, porque Jesús pasó por cosas mucho peores que el espectaculo que la película podría mostrar!

    Me doy cuenta de que algunas personas leyendo este libro ahora pueden creer, pero también hay otros que pueden decirle a Dios, "No, gracias". Usted sacrificó a Cristo, su Hijo, para nada. Puedo adorar a Dios a mi manera. "Voy a pagar por mi propio pecado" (Por cierto, no puede pagar por su propio pecado y no desea, ni siquiera con el salario mínimo) Por favor, piense en ello detenidamente. Le sugiero que vuelva atras y repita la oración y luego continue leyendo con el resto de nosotros. Adelante, vamos a esperar por usted. ¡Recibir el amor y perdón de Dios vale la pena!.

    ¡Si oraste y le entrgaste tu vida al Señor, estoy tan feliz por ti! Sí, me alegro mucho por usted. ¡Quiero ser el primero en darle la bienvenida en el reino de Dios como un hombre, mujer o hijo de Dios! ¡Impresionante! ¡Cuando dijiste la oración, no solo se regocijaron todos los Cielos, sino que Dios se regocijó mucho más! ¡Ahora tiene el Espíritu Santo del Dios viviente que vive en usted! ¡Ahora tiene vida eterna! ¡Impresionante! Dios ya ha marcado este día. Sí, el Señor ha escrito su nombre en el libro de la vida del Cordero y todo el cielo puede leerlo. ¡Usted debe escribir y marcar este día también, porque desde este día en adelante, su vida nunca será la misma! Cristo es el Cordero de Dios que quita el pecado del mundo.

Capítulo 3

¿Qué sucederá cuando me muera?

¡En hora buena! Ahora tiene vida eterna. Ahora tiene la vida eterna; sí, ahora usted vivirá para siempre. Hasta ahora, hemos estado trabajando con las cosas que podemos mirar hacia arriba y ver. Podemos ver con nuestros ojos naturales. Algunos necesitamos instrumentos para ver. Ahora, vamos a tratar con las cosas que están tan lejos que no podemos ver, lo invisible. Si tienes una Biblia, ahora es el momento para buscarla y tenerla cerca. La Biblia es nuestro mejor recurso sobre el Paraíso y la vida eterna. Voy a estar usando mucho más escrituras y es posible que desee hacer referencias cruzadas.

Como sabemos, ahora cuando usted da su vida al Señor Jesucristo, después de morir en el medio natural, usted irá al cielo. Muchas personas creen que la única forma de llegar al cielo es morirse e ir al cielo. Por lo tanto, ¿Que ocurre exactamente cuando una persona muere? La mejor pregunta es, ¿Realmente una persona muere? La respuesta es NO. Usted no morirá jamás. Recuerde: Dios dice que quien cree en él tiene vida eterna.

Este libro puede parecer más complicado de entender, pero confiamos en que el Espíritu de Dios le ayudará a entender. De nuevo, es prudente para que usted tome algún tiempo para recibir a Cristo Jesús como tu Salvador, pidiéndole en oración, si no lo han hecho todvía. Con todo tu corazón, pidele perdón de todos tus pecados y que te limpie espiritualmente. Recibir su amor por fé y preguntale al Espíritu Santo para que pueda ayudarle a comprender el resto de este libro. Todos necesitamos al Señor en nuestras vidas y es muy importante para cada uno de nosotros recibir la vida eterna a través de Jesucristo. ¡Si usted ya se detuvo a rezar, vuelvo a recordarle que usted acaba de hacer la decisión más importante de su vida! ¡Mi corazón está lleno de alegría por usted!

Yo le diré esta verdad: Usted es la razón por la que el Señor me llevó a escribir este libro. Todo el cielo le está dando una gran ovación. Ellos están celebrando Sú sabia decision. Jesucristo dijo: "Os digo que así también la alegría estará en el refugio sobre el pecador que se arrepintió" (Lucas 15:7). Alabamos a nuestro Señor. Cuándo es tiempo para el creyente para dirigirse a Dios en el cielo, el Señor le da al creyente su nuevo cuerpo glorificado un cuerpo perfecto.

Vamos a echar un vistazo a algunos pasajes de las escrituras. Voy a citar algunos de los versos y luego explicar lo que acaba de leer.

Empecemos con 2 Corintios 5:1-8. Comienza: "Ahora sabemos que si la tienda terrenal en que vivimos es destruida, tenemos de Dios un edificio, una casa eterna en el cielo, no construida por manos humanas".

Bien, aquí está lo que este versículo está diciendo. Simplemente afirma que si nuestro cuerpo terrenal muere, tenemos un nuevo cuerpo de Dios que vivirá para siempre. El edificio que él está hablando es su cuerpo, un cuerpo que es eterno en el Cielo, no construida por manos humanas.

Sigamos los versículos 2-4: "Mientras tanto, gemimos, anhelamos estar revestidos con nuestra morada celestial, porque cuando seamos revestidos, no vamos a ser encontrados desnudos. Porque del mismo modo los que estamos en este tabernáculo, gemimos abrumados; porque no deseamos ser desvestidos, sino revestidos con nuestra morada celestial, para que lo mortal sea absorbido por la vida. "Lo que los versículos 2-4 están diciendo es que deseamos, anhelamos ponernos nuestros nuevos cuerpos del Cielo, porque cuando somos revestidos con nuestros nuevos cuerpos, no vamos a ser encontrado desnudo como espíritus sin cuerpos." Porque mientras estamos en estos cuerpos terrenales, muchas veces durante nuestras vidas en circunstancias difíciles, gemimos agravados, queriendo salir de estos cuerpos y entrar en nuestros nuevos cuerpos del Cielo.

Por cierto, estoy recién recuperado de una cirugía de próstata. Tenía cáncer. Por la gracia de Dios, he sido bendecido con uno de los mejores cirujanos en el país, sacó mi próstata y obtuvo todo el cáncer. ¡El Dr. Vincent P. Laudone, si usted está leyendo este libro, Dios le bendiga! Y ¡También a usted Enfermera Anne! Sin embargo, aun con el gran trabajo como el que hicieron, yo todavía gemía, queriendo mi nuevo cuerpo, porque la recuperación fue muy dolorosa. Hay veces que he pensado acerca de estar en el cielo con mi nuevo cuerpo que Dios me regaló. Pero aquí estoy, todavía aquí, escribiendo este libro, pero yo no tenía miedo de la muerte. ¡De hecho, me estaba muriendo para estar con Dios, en serio! ¡Sí y sigo deseando que llegue el gran día cuando voy a estar con mi salvador! Pero por ahora, doy gracias a Dios que todavía estoy aquí en esta tierra, porque mi familia y mis amigos me necesitan y tengo que terminar este libro para ustedes. Con mucho amor y oración, escribo este libro para que usted pueda tener conocimiento del amor de Dios y la verdad que los hará libres del temor de la muerte.

Ahora, continuando con las escrituras y terminando el versículo 4: "¡Porque no queremos ser espíritus sin cuerpos o desnudos, sino que debemos vestirnos con nuestro nuevo cuerpo del el Cielo, a fin de que cuando lo que es mortal muere, obtenga un nuevo cuerpo; con mi nuevo cuerpo viviré por siempre!".

La clave aquí es que cuando usted muere, Dios le da un nuevo cuerpo del cielo. ¡La gente en el cielo tienen cuerpos reales que durarán para siempre! Son órganos que puede ver, sentir y tocar-que no son solo los espíritus! Son capaces de comer y beber como ústed y yo.

Pasemos ahora a los versículos 5-8. "Ahora es Dios quien nos ha hecho para este propósito y nos ha dado el Espíritu como un depósito, garantizando lo que está por venir." (recuerde que le dije anteriormente que el Espíritu Santo, el Espíritu de Jesús, es la garantía de que se van al cielo) "Por lo tanto, siempre estamos seguros y sabemos que, mientras estamos en este cuerpo, estamos lejos del Señor. Vivimos por fé y no por vista. "Estamos convencidos, digo y preferiría estar fuera del cuerpo, en la casa del el Señor".

 Los versículos 5 y 8 explican que Dios nos ha dado Su Espíritu Santo como un depósito o garantía. Por esta razón, estamos seguros de que cuando morimos, vamos a ir al Celo y estar con él. Mientras estamos en este cuerpo terrenal, incluidos los que están leyendo este libro, estamos lejos del Señor por ahora (aunque él está siempre con nosotros por su Espíritu que vive en nosotros). Sin embargo, en este momento, mientras estamos todavía en estos cuerpos terrenales, no somos capaces de tocarlo y abrazarlo físicamente. Para mantenerlo simple, él está allí y todavía estamos aquí, hasta que finalmente estaremos en el cielo con él en el día glorioso. Por ahora, podemos andar y vivir por fé y no por vista. ¡Estamos seguros, preferimos estar fuera de este cuerpo terrenal y en su lugar estar en el Cielo con nuestros cuerpos nuevos, con nuestro Señor!

 La opinion de la Biblia de recibir un Nuevo cuerpo es similar a cambiar de ropa. Aquí está un ejemplo que deseo compartir con todos ustedes sobre el funeral de mi querida Madre hace algunos años. Aunque mi Mamá preciosa, Hazel Smiling, ya no está con nosotros en esta tierra, todavía estoy realmente contento con gozo por causa de Ella, porque ella ya no está sufriendo más con su cuerpo terrenal, que en ese momento le producía mucho dolor. Por lo tanto, mientras estábamos en el funeral, expliqué a la gente que se encontraba allí con nosotros que dentro del atud de mi Mamá estaba su antiguo cuerpo. ¡Su espíritu había dejado ese viejo cuerpo que estaba lleno de dolor!. ¡Su espíritu fue al Cielo y el Señor le dió a su espíritu un nuevo cuerpo para vivir con él para siempre!

Aquí está un ejemplo que he utilizado y también puede probar hacerlo usted mismo. Vaya consiga una camiseta o suéter y Avísame cuando vuelva. ¡Bien, usted regreso- genial! La camiseta representa su nuevo cuerpo del Cielo. El que está usando ahora representa su antiguo cuerpo. Ahora, saquese la camisa o suéter que tiene ahora, que representa el antiguo cuerpo, y ponga ese "antiguo cuerpo" sobre una silla o en el suelo, para ser enterrado, por así decirlo. Bien, ahora, pongase la otra camiseta. La camiseta que se pone ahora representa su nuevo cuerpo. ¿Observe que no se ha muerto? Simplemente ha cambiado la ropa. Eso es lo que sucede cuando nuestros cuerpos mueren. Usted simplemente cambió la ropa. ¡Nuestro cuerpo natural morirá-perecerá, se conviertirá en polvo aún en un instante, en un abrir y cerrar de ojos, nuestros espíritus estarán en nuestros nuevos cuerpos con Dios en el Cielo! Sí, su espíritu estará en el cielo, de hecho, usted no va a morir del todo sólo su cuerpo. Usted acaba de cambiar los órganos de un cuerpo terrenal a un nuevo cuerpo celeste. En CRISTO JESÚS HAY VIDA ETERNA. ¡Nuestros cuerpos serán cambiados desde los antiguos a los nuevos! ¡Impresionante! Dios simplemente explicó a través de Su palabra en la Biblia que nos serán revestidos de modo que no vamos a ser encontrado desnudo. ¡Dios nos da un nuevo cuerpo es tan sencillo como cambiar de ropa! ¡Guao!

Algunos de los que están leyendo este libro ahora pueden ser pastores o maestros, si usted desea, puede compartir esta ilustración con otros usando un traje negro y un traje de chaqueta blanca. El traje de chaqueta Negro que use ese día puede representar su antiguo cuerpo. El traje de chaqueta Blanca representará su nuevo cuerpo del Cielo. En el funeral de mi Madre, me quite la chaqueta negra y la coloqué en su ataúd, representando a su antiguo cuerpo. Entonces me puse la chaqueta blanca, representando a su nuevo cuerpo en el Cielo. Esto visualmente ha consolado a muchas personas a lo largo de los años. Arroja una nueva luz sobre "Estar

ausentes del cuerpo es estar presentes con el Señor."
¡ Amén!

Nunca fue más cierto que este pasaje de las escrituras en la cruz: "ausente del cuerpo es estar presentes con el Señor." De nuevo, tome su Biblia y Lea Lucas 23:39-47. Pero antes de leer, permítanme establecer la escena: El día en que Jesús fue crucificado por mis pecados, sus pecados y los pecados del mundo, fue colgado en la cruz. Su cruz fue colocada en medio de dos criminales también colgados de cruces. Él tenía un criminal colgando a su derecha y un criminal colgando a su izquierda. Fue en una calle principal en Jerusalén, al pie de la montaña llamada la calavera. Yo estuve allí, visitando Israel este verano pasado y aún podemos ver esta enorme cara de caravera, aproximadamente del tamaño de una cabeza en el Monte Rushmore. Soy un testigo que presenció el verdadero lugar donde Jesús fue asesinado por mis pecados y los suyos. Yo estaba en el jardín real donde Jesús fue traicionado. Tengo en mi cartera hojas de oliva desde el huerto de Getsemaní. El lugar de la calavera estaba del lado de la carretera principal, justo en las afueras de Jerusalén. La razón por la que los Romanos mataban a personas en una carretera principal, era para que todos puedieran ver y tener miedo.

Bueno, puede comenzar a leer Lucas 23. Para aquellos que están leyendo este libro en un tren, avión o autobús, espero que tengan su Biblia con ustedes; si no, tal vez ustedes puedan descargar una aplicación gratuita de la Biblia en su teléfono, Tableta o Ipad. Aquí está la escritura:

> Uno de los criminales allí colgados lanzó insultos contra él: ¿No eres tú el Cristo? "¡Salvate a Tí mismo y a nosotros!" Pero el otro criminal lo reprendió. "¿no le temes a Dios?" dijo: "ya que Somos castigados justamente, porque estamos recibiendo lo que merecemos por nuestros actos. "Pero este hombre no ha hecho nada malo" Luego le dijo, "Jesús, acuérdate de mí cuando llegues a tu reino" Jesús le respondió, "De cierto, de cierto te digo, hoy estarás conmigo en el paraíso" Era como la hora sexta, fueron hechas tinieblas sobre toda la tierra hasta la hora novena, por lo que el sol dejó de brillar. Y la cortina del templo se rasgó en dos. Jesús grita a gran voz: "Padre, en tus manos encomiendo mi espíritu" Cuando él dijo esto, exhaló su último suspiro. El centurión, viendo lo

que había sucedido, alabó a Dios y dijo, "Ciertamente este era un hombre justo".

Entonces, pueden guardar sus Biblias por ahora. Les invito a meditar sobre la respuesta de Jesús a la conversión del criminal. "De cierto, de cierto te digo, hoy estarás conmigo en el paraíso" Observe las palabras "la verdad" y "hoy" ¡Obviamente Cristo Jesús está afirmando lo que ya hemos leído, que el estar ausente del cuerpo es estar presentes con el Señor! El criminal sólo quería recordar a Jesús cuando él llegara al Cielo. Jesús, viendo que el criminal había tenido un cambio de corazón, dijo al hombre que estaba tomando él ese mismo día con él al cielo, no mañana, no dormir en su tumba de primera pero "Hoy estarás conmigo en el paraíso" ¡Aquí está el punto: su último aliento sobre la tierra es su próximo aliento en el cielo, con Dios! ¡Que es increíblemente asombroso! Como puede ver, el criminal se arrepintió en sus últimas horas de vida y Dios tuvo misericordia de él. Tan pronto como el pecador se convertido murió, él fue al cielo y consiguió su nuevo cuerpo. La misericordia de Dios es tan grande y nos da una gran alegría saber que cuando el cuerpo de un creyente muere, él o ella va al cielo.

Por otro lado, cuando un no creyente muere, él va ¡ahhh! Veamos qué le sucede a una persona que no confía en Dios un no creyente. Tome su Biblia y abrala en Lucas 16:19. De nuevo, para aquellos que están leyendo este libro sin sus biblias, aquí está el versículo:

> Había un hombre rico, quien estaba vestido de púrpura y lino fino y se la pasaba suntuosamente cada día; y hubo un cierto mendigo llamado Lázaro, que yacía en la puerta, lleno de llagas y deseando ser alimentado con las migajas que caían de la mesa del rico; además, los perros se acercaban y le lamían las llagas. Y aconteció que el mendigo murió y fue llevado por los ángeles al seno de Abraham; el hombre rico también murió y fue sepultado.

Por el camino, usted puede sentirse libre para leer una traducción de la Biblia que el que yo uso, que es la antigua Versión King James mucho antes de LeBron, si le ayuda a comprender mejor las escrituras. Puede utilizar la nueva Versión King James (NKJV), mis chicos y chicas de la NBA, nuevamente no LeBron, La Nueva Versión Internacional (NVI), o la nueva traducción viviente y/o el mensaje de la Biblia y así sucesivamente.

De acuerdo, ahora me gustaría señalar algunas cosas. Volver a la escritura. El mendigo Lázaro que fue llevado al seno de Abraham fue otra manera de decir que fue llevado al Cielo, porque es el lugar donde está Abraham. Si fuera al Cielo y Abraham le diera un abrazo, estaría en su regazo. Iba a poner sus brazos alrededor de usted y su cabeza sería en su seno u otro, por *seno* significa "Pecho", por lo tanto contra su pecho. Cuando la gente generalmente se abraza entre sí, lo hacen con los brazos y el tórax o pecho. Observe que cuando el mendigo Lázaro murió, Dios envió ángeles para llevarlo al cielo. También quiero señalar algo muy importante en el versículo: Note que Abraham está vivo, no ha muerto. Abraham está vivo en el cielo y lo están todos los creyentes que dejarón esta tierra y están en el cielo. Como he venido diciendo a lo largo de este libro, el Cielo es un lugar real y todos allí están vivos y están mejor de lo que nunca estuvieron aquí en la tierra.

Por otra parte, cuando el hombre rico-no creyente- murió y fue sepultado, aquí está lo que le sucedió a él:

> Y en el infierno alzó sus ojos, estando en tormentos y ve a lo lejos a Abraham y a Lázaro en su seno. Y gritó y dijo: "Padre Abraham, ten

misericordia de mí y envía a Lázaro que moje la punta de su dedo en agua y pueda refrescar mi lengua, porque estoy atormentado en estas llamas". "Pero Abraham dijo: "Hijo, recuerda que tú en vida recibiste tus cosas buenas y asimismo, Lázaro, la cosas malas; pero ahora él es consolado y tú eres atormentado." (Lucas 16:23)

Hagamos una pausa por un momento. ¡Aquí, como se puede ver, la gente en el infierno también pueden ver, escuchar, sentir, tocar y recordar! En el infierno, la gente podrá ver la belleza y el esplendor de los cielos todavía ser atormentado constantemente en llamas, siempre lamentando el hecho de que rechazaron la salvación del Señor Jesucristo. Están en medio de los tormentos, clamando por misericordia cada día como el dolor del fuego arde constantemente sus cuerpos para siempre. Pueden recordar cada vez que escucha el evangelio (La buena noticia de Cristo) y me dijo, "Eso no es para mí. Soy una buena persona" y a causa de su rechazo a la verdad del Señor que podría haberlos salvados, ellos ahora van a sufrir eternamente. Dios deja muy claro en la Biblia que él no quiere que las personas sufran en el infierno, por lo que les da la elección ahora, mientras están vivos aquí en la tierra, para que ellos lo invoquen, pidiendo perdón y arrepintiendose de sus malas obras, apartandose del mal y pidiendo a JESUS CRITO que salve sus almas.

    Por cierto, si todavía no han tomado una decision por Cristo, por favor hágalo ahora, para su propio beneficio. No quiera acabar en el infierno, incluso después de haber leído los ánimos y las advertencias en este libro. ¡Eso es simplemente una locura! El sufrimiento y el dolor que los seres humanos sufren a veces en esta tierra no es nada en comparación con el sufrimiento y el dolor que tendrán en el infierno. ¡Puesto que estará siempre lejos de la presencia de Dios, ese sufrimiento será horrible para siempre! ¡Esto no es como quemarse en la estufa o la plancha! ¡Va a ser veinticuatro horas al día, siete días a la semana-sin parar de sufrimiento y dolor! Las llamas y el dolor en todo el cuerpo entero que puede ver, oír, oler, gustar y tocar. ¡Mi oración es que usted escoja en la vida, optar por Cristo. Si le elige a Él y a su amor, entonces usted estará en el Cielo, junto con todos los demás que eligen creer lo hermoso que será! Con el SEÑOR, podrá escapar del sufrimiento que nunca fue pensado para usted.

    Para aquellos que todavía no quieren arrepentirse, no se deje engañar. Sólo porque están yendo las cosas a su manera y ahora las cosas van bien para usted aquí en la tierra, no significa que están bien con Dios. ¡El hombre rico tenía todo en su vida aquí en la tierra - él parecía ser bendecido de Dios y muy favorecido! Lázaro, por otro lado, tuvo una vida de sufrimiento terrible y uno se pregunta por el amor de Dios para él. Para aquellos que están pasando por una época muy difícil y de sufrimiento ahora, mientras está aquí en la tierra, esto no significa que Dios está enojado con usted. No, él no está enojado con usted. Este mundo no es perfecto; a veces habrá dolor y sufrimiento. Sin embargo, si invocan al Señor, él le consolará, le fortalecerá y le dará su Paz y tal vez Él le sacará de la situación en la que se encuentra. Si no es así, una razón más para esperar ir al Cielo en cualquier momento que él decida que vayamos con él y salgamos de este mundo loco.

  De acuerdo, ahora, aquí está un poco más de explicación sobre el hombre rico, que tenía una gran vida pero no estaba bien con Dios y por tanto, iba a ir al infierno. El hombre rico no va al infierno porque era rico. Ser rico es una buena cosa si las riquezas son compartidas con otras personas que están en necesidad. Ser rico puede ser una gran bendición si se usa en forma equilibrada, ayudando a los demás, junto con ayudater a ti mismo. El Señor nos manda a través de su palabra que debemos amarnos unos a otros como nos amamos a nosotros mismos. Por lo tanto, las riquezas en sí mismas pueden ser utilizadas como bendiciones; sin embargo, este hombre rico en particular que el Señor habla en la Biblia nunca dió nada al pobre mendigo. No comparte con él o ayudarlo de cualquier manera. No hubo ayuda para Lázaro del hombre rico, aunque las cosas se pusieron tan mal para el pobre Lázaro que sólo quería las migajas de la mesa del rico para comer. Pero en medio de todo esto, este Lázaro tenía una relación con Dios y al final, él consiguió la mayor recompensa que llegó al cielo. Hay mucho más que explicar, pero puesto que este es un libro sobre el cielo y no sobre el infierno, no nos detendremos aquí sobre este tema. Puede leer el resto en su propia Biblia puede encontrarlo en Lucas 16:19-31. Y sé que eso es nombrado para un hombre una vez para morir y luego la sentencia. Podrás pasar la eternidad en el cielo con nuestro Padre celestial Dios o en el infierno, atormentado eternamente mientras ardiendo en el lago de fuego. La elección depende de ti.

    Con Dios, usted nunca estará solo y aun cuando su cuerpo terrenal muere, su espíritu y alma nunca morirá. Tan pronto como uno de los hijos de Dios muere, él envía a sus ángeles para venir y recibirlos y llevarlos al cielo. De nuevo, volviendo a Lucas 19:22: "Llegó la hora cuando el mendigo Lázaro murió y los ángeles lo llevaron al seno de Abraham". "Dios mismo es también descrito como el ángel del Señor en salmo 23: " "Sí, aunque camine por el valle de sombra de muerte, no temeré mal alguno; porque tú vas conmigo: tu vara y tu cayado me sosiegan". Es por eso que a veces, tendrá que ver a sus seres queridos, mirando hacia arriba, justo antes de morir. Algunos de ellos tienen grandes sonrisas en sus caras antes de salir de esta tierra, para entrar al Cielo. En ese momento, se pueden ver los ángeles venir.

    Nunca olvidaré cuando mi primera esposa, Laverne, regresó a su casa para estar con el Señor. Me apuré a Jamaica Hospital Medical Center. Ella no podía respirar a causa de un ataque de asma. Mi hijo mayor estaba sentado en el asiento trasero del vehículo. Tenía ocho años de edad en el momento. Justo antes de que nos bajamos de la autopista, Ella tomó su último aliento. Cuando Ella tomó su último aliento, el coche estaba lleno de la presencia de Dios y los ángeles. No podía verlos, pero definitivamente podía sentirlos. Justo después de ese breve instante, solo así, ella se había ido. Me quedé con su antiguo cuerpo, porque los ángeles tomaron su espíritu para obtener su nuevo cuerpo en el Cielo de Dios, un cuerpo que no fue hecha por manos humanas.

Génesis 2:24 dice, "Por tanto, dejará el hombre á su padre y á su madre y se unirá a su mujer y serán una sola carne". "Porque Ella y Yo éramos una sola carne en el matrimonio, cuando su cuerpo terrenal murió, recuerdo que pude sentir el desgarro y rotura de nuestras almas cuando Ella se fue". Sentí un dolor físico en mi corazón como si lo cortarán a la mitad.

¡Era tan profundo el dolor físico que sentía, sin embargo, ni siquiera me conmoví! Me dolió tanto que durante semanas, meses, pensé que iba a morir. No fue hasta que empecé a estudiar la Palabra de Dios que finalmente pude comprender lo que había ocurrido ese día. Los dos habíamos sido uno y uno de nosotros ha sido arrancado en la muerte, cuando los ángeles llevaron a mi querida Laverne al cielo. Ahora puedo realmente regocijarme, estar realmente feliz por Ella, porque está en el mejor lugar que cualquiera puede jamás estar, El Cielo. Sin embargo, en ese momento, no entiendía todo esto, que Laverne me había dejado con el antiguo cuerpo y fue al cielo y obtuvo su nuevo cuerpo. Además, en aquel momento no sabía que Dios podía resucitar a los muertos y que hay vida después de la muerte. Yo estaba enojado, porque pensé Laverne se perdió para siempre. Habíamos sido novios desde la infancia, juntos desde que tenía 14 años de edad y yo tenía trece años y luego, a los treinta y dos años de edad, Ella se había ido! ¡Imagine la ira y el dolor que sentía, ya que pensé que se había ido para siempre!

¡Pero ahora que sé que el cielo es un lugar real, imagínese que gran alegría y paz siento! Me doy cuenta de que Laverne obtuvo la mejor oferta de todas. ¡Ella está en las mejores circunstancias ahora con Dios en el cielo, para no morir nunca más! Ella fue al cielo a una edad joven y en ese momento, pensé que era lo peor. Sin embargo, Ella era joven cuando volvió a Dios que pronto, de modo que no tengan que sufrir las luchas extra de una vida más larga. Ella era aún joven y muy bella. Llegó a vivir en la tierra un año menos que Jesús. El tenía treinta y tres años de edad cuando dio su vida por todos nosotros y Ella tenía treinta y dos cuando regresó a su hogar celestial para estar con él. Ella siempre fue una mujer increíblemente bella, por dentro y por fuera y ahora Ella es perfecta ¡Para siempre! Y es realmente impresionante saber que Ella está allí con algunos de sus familiares y amigos que ya están en el cielo, ahora junto con mi Mamá también y lo mejor de todo, con Dios y el Señor Jesús Cristo! Un gran y glorioso día, vamos a vernos de nuevo. ¡Impresionante! Mientras tanto, estamos aquí en la tierra, Dios nos da la fuerza para vivir según su propósito para nuestras vidas. Después de que Laverne se fue a casa con el Señor, yo era capaz de seguir con mi vida y años más tarde casarme de nuevo. ¡Estoy feliz con mi maravillosa y muy bella esposa, Neyra, dos hijos y dos hijas gemelas! ¡Gloria a Dios!

Mientras continúo escribiendo este libro, diferentes eventos siguen ocurriendo en el mundo, algunos de los cuales escribiré con la esperanza de animarle con la verdad en medio de todo. Hoy es 11 de marzo de 2011 y un terremoto con una magnitud de 8.9 acaba de suceder en Japón. El terremoto provocó un Tsunami y olas de más de veinte y tres pies de alto que arrasó con la ciudad. Hasta la fecha, numerosas y valiosas vidas de las personas que han desaparecido. Oramos y pedimos a Dios que consuele a las familias que representan e incluso en medio de esto, la realidad es que más de diecisiete mil vidas están con Cristo el Señor en el Cielo. O bien, algunos pueden estar en el infierno, esperando el fuego. Sólo Dios lo sabe. Ese número está aumentando a medida de que estoy escribiendo este libro. Algunos de esos miles de personas son preciosos llenos de alegría en el cielo ahora y que ellos nunca van a sufrir de nuevo. Los otros están sufriendo ahora y seguirán ardiendo eternamente. Para algunos, el cielo es un lugar real. Para otros, el infierno es un lugar real. Fuera de esta horrible tragedia, para algunos es el mejor día de su vida. Para otros, es el peor día de sus vidas. Si no han hecho la paz con Dios, el infierno será mucho peor. Dios quizás tuvo con él algunas de las personas que gritó: "¡Oh Dios, ayúdame!" Pero algunos incluso dicen que no, porque "El necio ha dicho en su corazón que Dios no existe." Para ellos, este es un día muy triste en verdad.

    Avancé rápido en el tiempo- hoy es 16 de Julio de 2016 y estoy revisando este libro por última vez antes de entregarlo a ser publicado. Donald Trump y Hillary Clinton se están postulando para la presidensia de los Estados Unidos y las cosas de este mundo están empeorando. En Niza, Francia, un camionero atropelló y mató a 84 personas inocentes. En Orlando, Florida, cuarenta y nueve personas fueron asesinadas en un Club. Dallas tiros ¡ISIS! Pido por las familias que se han quedado atrás. ¡Escribo esto para que usted pueda ver que este es un libro de ahora, para los tiempos en que vivimos! ¡Como este mes de noviembre, cuando se elija un nuevo presidente de los Estados Unidos, necesitamos elegir estar unidos con Dios hoy, ahora mismo!

En el próximo capítulo, "Querido En El Cielo, Vivo o Muerto", hablaremos acerca de ir al cielo vivo. Pero antes de ir allí, estimado lector, ¿Dónde está usted ahora espiritualmente? ¿Está seguro de que irá al Cielo? ¿Qué pasa con sus familiares y amigos? Son amigos de Dios o enemigos de Dios? ¿Jesucristo es su Señor? O ¿Es Satanás su señor? Si ya ha hecho la Paz con Dios, le exhorto encarecidamente a seguir orando por sus familiares y amigos. Es posible que pueda contactarlos ahora, pero usted puede. Comparta el amor de Dios con ellos y anímelos con la verdad del Señor. Pido a Dios que usted entienda que usted está leyendo este libro por designación divina. Alguien que le hayan dado este libro. O Puede que lo haya comprado usted mismo. Tal vez usted esté leyendo en la biblioteca o quizás en línea, en el teléfono, iPad o tableta. Sin embargo, es Dios quien se asegura de que pueda conseguir este libro. ¡Lo hizo porque le ama y él quiere bendecirle y salvarlo! No sólo a ustede, porque después de que usted cree, usted puede compartir la verdad con otros para que ellos también puedan ser salvos. El Señor es capaz de salvarlos de lo que sea que necesite guardar a partir de ahora. ¡Su ayuda hacia la verdad puede salvarle de ir al infierno y estar separados de Dios para siempre! ¡Estar en el infierno y separados del Señor es mucho peor que cualquier terremoto! La pregunta es, ¿Dónde están espiritualmente? Corra hacia el Señor, mantengase cerca de él y animese a ayudar a guiar a otros a acercarse a Dios.

Capítulo 4

Querido En El Cielo, Vivo o Muerto

Para aquellos de ustedes que todavía tienen miedo de morir, aquí hay algunas buenas noticias. Usted no tiene que morir para ir al cielo. Dios puede llevarle allí vivo. El cielo es la tierra de los vivientes. ¿Recuerda que mencioné antes que algunos de nosotros no veremos la muerte y seremos llevados al cielo vivos? Sucederá en un instante. También sepa que en los últimos días, justo antes del fin del mundo, Dios va a destruir este mundo pecaminoso, la tierra, el sol, la luna y las estrellas – todo ello. Y él creará un mundo nuevo sin pecado. Sí, es cierto, no habrá pecado en absoluto. Ningún mal puede apararse en la presencia del Señor, porque él es Santo y Todopoderoso y ninguno es más grande que él, ninguno. Vamos a vivir con Dios en la nueva tierra en la nueva ciudad de Jerusalén. Incluso mientras estoy escribiendo este libro, CREO QUE PUEDO INCLUIR hacia el final un capítulo relativo al último día. Pero mientras tanto, vamos a continuar aprendiendo sobre ir al cielo vivo. El cielo es la tierra de los vivientes. A lo largo de la Biblia, desde el Antiguo Testamento hasta el Nuevo (Es decir, desde Génesis hasta Apocalipsis) leemos acerca de cómo

Dios llevado a las personas al Cielo con vida. Algunas personas, como Enoc, fueron al cielo con vida y no regresaron. Otro del Antiguo Testamento que no murió, pero fue vivo al cielo es el profeta Elías, quien fue llevado en un carro de fuego. En el Nuevo Testamento, se escribe sobre el apóstol Pablo y Juan el Amado, quienes fueron al cielo y regresaron para escribir sobre él.

Empecemos por el principio. Lo que voy a hacer ahora es moverme rápidamente a través de la Biblia desde Génesis hasta Apocalipsis. En este proceso, vamos a mirar a través de las escrituras a aquellos que fueron vivos al Cielo. Intente tener su Biblia a mano. Si no lo hace, está bien; Le daré la escritura. Como antes, citaré las escrituras, proporcionando el capítulo y el versículo y luego explicaré lo que estamos leyendo.

En primer lugar, repasemos, ¿Qué está en el cielo, hasta el momento? Según las escrituras anteriores también se menciona en este libro. Dios, el Señor Jesús está en el Cielo. Abraham, Lázaro y el mendigo están allí también. La multitud de ángeles que llevó a Lázaro al cielo está allí también, e incluso el ladrón en la cruz. Por cierto, conocer sobre el ladrón en la cruz realmente me bendice. Él representa a tantas personas, incluso algunos de nuestros seres queridos, que en los últimos momentos de su vida tuvo un cambio de corazón y Cristo el Señor los tomó. ¡El ladrón en la cruz a lo llevó al cielo ese mismo día! Esa puede ser una de las razones por las que la Biblia dice que los primeros serán últimos y los últimos serán primeros.

Habrán muchas sorpresas cuando lleguemos al cielo. Algunas personas estarán allí en el cielo con nosotros y usted y yo pensamos que nunca lo lograríamos. Y con respecto a los demás, se sorprenderá de que *no* lo hayan logrado. Algunos se sorprenderán mucho de vernos a usted y a mí allí y otros supieron desde el principio que estaríamos allí. Estas son algunas de las Escrituras acerca de las personas que fueron al cielo con vida y viven allí hasta el día de hoy y hasta la eternidad.

Génesis 5:24: "Y Enoc caminó con Dios: Y él no debería ver la muerte y no fue encontrado porque DIOS lo tomó antes de esto, caminó con Dios durante toda su vida y tuvo un testimonio que agradó a Dios". ¡Cuán grande y sorprendente es que el Señor lo llevó vivo al cielo! Deje que eso se hundan en su mente, corazón y espíritu. Haga una pausa por un momento, para recibir la revelación de Dios y permita que su Espíritu Santo pueda dar vida a su comprensión de esto. ¡Enoc vivió una vida tan agradable a Dios que el Señor le llevó directamente al Cielo sin tener que morir! ¡Guao! Sin ofender, fanáticos de Star Trek, pero es realmente un "¡Hazme volar, Scotty!" El cielo es un lugar real con personas vivas, no fantasmas, no solo de los espíritus. ¡Hay gente real como usted y como yo, pero aún mejor, porque son perfectos y están en un lugar perfecto con un Dios perfecto! Por el camino, se encontraron algunos de los escritos de Enoch en Etiopía. Usted puede ir en línea y leer el Libro de Enoc para usted. Él era un hombre de verdad que Dios llevó vivo al Cielo.

En su Biblia, dirijase a 2 Reyes 2:1-11 en el Antiguo Testamento. "Entonces sucedió, mientras continuaban y hablaban, que de repente apareció un carro de fuego con caballos de fuego y losseparó a los dos; y Elías subió al cielo por un torbellino". Bien, aquí tienen al profeta Elías, caminando junto al río Jordán con su criado Eliseo. Si usted estudia la Biblia, se dará cuenta de que Eliseo se convirtió en el próximo profeta después de que Elías se fué al cielo. De hecho, Elías le dijo que la única manera en que podía obtener una doble porción de su poder fue al verlo ir al cielo. Se puede decir que: "Eliseo estuvo cerca de Elías, hasta que fueron separados por el carro de fuego y Elías fue llevado al cielo" ¡Cincuenta hijos de los profetas, vieron desde lejos cuando sucedió, por lo que en total, hubo 51 personas que vieron a Elías irse al cielo vivo, montado en el carro de fuego con caballos de fuego en la parte superior de un tornado! Mire de nuevo en el versículo 7, que dice: "Y vinieron cincuenta varones de los hijos de los profetas fueron y se pararon frente a ellos a una distancia mientras que los dos de ellos estaban en el Río Jordán"

Tengo una foto que tomé mientras yo estaba en Israel de una estatua construida en honor a Elías. La estatua fue construida en el mismo lugar donde Elías pidió fuego del cielo. Estos eran hombres de verdad y hechos reales con testigos oculares. En un tribunal de justicia, un testigo ocular es suficiente para que un jurado ponga a una persona presa de por vida. Cincuenta y uno de los testigos son más que suficientes. En el Nuevo Testamento, cuando Juan escribió el libro de Apocalipsis, se dirigió hacia el cielo:

> Después de esto miré y he aquí una puerta abierta en el cielo: y la primera voz que oí era como si se tratara de una trompeta hablandome; que dice Sube acá y te mostraré las cosas que han de ser después de éstas. Y de inmediato estuve en el espíritu: y he aquí un

trono estaba puesto en el cielo y uno que estaba sentado en el trono.

(Apo. 4:1-2)

Juan estaba en la sala del trono con Jesús el Cristo. "Y el que estaba sentado debía mirar como Jaspe y la piedra de sardina: y había un arco iris alrededor del trono, a la vista semejante á una esmeralda". (Rev. 4:3).

Pablo fue otro que también fue al cielo, pero le dijeron que no dijera nada a nadie de lo que veía o escuchaba. El cielo es tan real que casi destruyó la mente de Pablo.

Conocí a un hombre en Cristo hace catorce años, ya sea en el cuerpo, no puedo decirlo o si fuera del cuerpo, no lo sé; Dios lo sabe; tal fue arrebatado hasta el tercer cielo. Y yo conocía a ese hombre (ya en el cuerpo o fuera del cuerpo, no puedo decirlo; Dios lo sabe; la forma en que fue capturado en el Paraíso y escuchó palabras indescriptibles, que no es lícito para que un hombre las pronuncie. (2 Cor. 12:2-4)

¡El cielo es tan increíble y tan hermoso que Pablo era mudo! Pablo no estaba seguro de si él había ido al cielo en su cuerpo terrenal o si tenía lo que hoy llamamos una experiencia fuera del cuerpo.

Es posible que desee saber lo que Pablo vió, ¿Verdad? Voy a compartir más sobre eso, pero todavía tenemos algunos asuntos pendientes en este capítulo. Este capítulo lo he denominado "Querido En El Cielo, Vivo o Muerto" para ayudar a sacar el aguijón de la muerte. ¡Dios le ama mucho y cuando haya terminado de aquí abajo, él quiere que esté con él para siempre! No importa cómo llegue allí, con la muerte o como Enoc, pero Dios puede llevarle vivo. ¡Solo llegue allí! ¡Dios ha dictado un mandamiento de amor para usted! ¡Lo quieren en el cielo, vivo o muerto!

En los próximos versos yo le mostraré dos hombres, vivos y hablando con Jesús. Uno de ellos murió y fue al cielo; el otro, como acabamos de leer, fue al cielo vivo. Ambos son ahora devueltos desde el cielo, vivos y hablando con Jesús durante su transfiguración. Uno de los hombres, Moisés había muerto y su cuerpo fue llevado al cielo. ¡El otro hombre, Elías, como usted acaba de leer, fue al cielo de manera más espectacular en un carro de fuego, caballos de fuego y un torbellino! ¡Guao! ¡Si has visto la película *Los Diez Mandamientos*, te acuerdas que Charlton Heston protagoniza a Moisés y que Yul Brynner desempeñó el papel del faraón Ramsés II! El hombre principal en quien quiero que nos concentrarnos es en Moisés.

Moisés murió después de terminar todo su trabajo para el Señor Dios. Si usted ha estado leyendo este libro desde el principio, la pregunta que tengo para ustedes es, ¿Realmente murió Moisés? Aquí está la respuesta, empezando con Deuteronomio 34:4-6: "Y el Señor le dijo: Esta es la tierra de la cual juré á Abraham, á Isaac y á Jacob, diciéndole que se la daré á tu descendencia: te he hecho verla con tus ojos, pero tú no irás allí". "Entonces, Moisés, El siervo del Señor, murió allí en la tierra de Moab, conforme á la palabra de Jehová". Y Dios lo enterró en un valle en la tierra de Moab frente a Beth-peor. Pero ningún hombre conoce de su sepulcro, ni siquiera hoy. De acuerdo, que era bastante simple-Moisés murió al igual que Dios dijo que lo haría. Él lo enterró en una tumba desconocida, ¿verdad?

De hecho, Josué 1:1-2 dice:

Ahora, después de la muerte de Moisés, siervo del Señor, aconteció que Jehová habló á Josué, hijo de Nun, ministro de Moisés, diciendo: "Mi siervo Moisés es muerto: levántate pues ahora y pasa este Jordán, tú y todo este pueblo, á la tierra que yo les doy, incluso a los hijos de Israel".

    Por lo tanto, Moisés está muerto, ¿verdad? No, no tan rápido. Pero antes de continuar, hay dos cosas que quiero que tenga en mente. Moisés (Tal como acabamos de leer) está muerto y Elías (como todos sabemos) fue al Cielo con vida. Ahora, continuemos. Quiero avanzar rápidamente hacia la al Señor Jesús y la transfiguración. Para aquellos de ustedes que tal vez no lo sepan, Jesús llevó consigo a Pedro, Juan y Santiago a una montaña para orar. Lo llamamos la transfiguración porque Jesús fue cambiado en la gloria desde cielo. Leer Lucas 9:28-36. Para aquellos de ustedes sin su Biblia a mano, voy a empezar a leer el versículo 28: "Y sucedió que unos ocho días después de estas palabras, que tomó a Pedro y a Juan y Santiago y subió al monte a orar". "Y mientras oraba, la apariencia de su rostro cambió y su vestido era blanco y reluciente". "Bien, aquí tienes la transformación de Jesús en la gloria celestial". Él estaba en su gloria resplandeciente hasta el punto de que su ropa incluso cambió y resplandeció blanco. ¿Ha visto el relámpago? ¡Jesús era más brillante que uno!

Ahora, el siguiente verso es una de las razones por las que desearía que usted pueda recibir el Espíritu Santo. Usted necesita la ayuda de Dios, de modo que usted será capaz de entender lo que está a punto de leer. Una simple oración: "Señor, ayúdame a entender lo que voy a leer" Adelante-ore antes de leer más. Esperaré aquí.

¡Alabado sea el Señor por aquellos de ustedes que han orado! Para aquellos de ustedes que no han orado, les sugiero que omitan el resto de este capítulo y vayan al siguiente capítulo, "El cielo es un lugar Real"; será un poco más fácil de entender. Para el resto de nosotros, aquí están los versículos 30-31: "Y he aquí, hablaron con él dos hombres, que eran Moisés y Elías, que aparecieron en gloria y hablaban de su muerte, que él debe cumplir en Jerusalén" ¡Un Momento! Pensé que acabamos de leer que Moisés había muerto. Pero aquí él está vivo y hablando con Jesús y Elías. Y esto no era un sueño. Leamos los versículos 32-36:

> Pero Pedro y los que estaban con él estaban cargados de sueño: y cuando estaban despiertos, vieron su Gloria y los dos hombres que estaban con él. Y aconteció que, cuando se apartarón de él, Pedro dijo a Jesús: "Maestro, es bueno para nosotros estar aquí; y hagamos

tabernáculos, uno para ti y uno para Moisés y uno para Elías, no sabiendo lo que habían dicho "Mientras él hablaba así, llegó una nube y los cubrió a ellos: y temieron cuando entraron en la nube". Y vino una voz desde la nube, diciendo: "Este es mi Hijo amado: escúchenlo". Y cuando la voz había pasado, Jesús fue encontrado solo. Y se mantuvieron cerca y no le dijeron a nadie en aquellos días ninguna de aquellas cosas que habían visto.

    De acuerdo, sientense y piensen acerca de lo que usted acaba de leer. Esta escritura es la base de todo este libro. Cuando el Señor abrió mis ojos a esto; Yo sabía que tenía que escribir un libro sobre el cielo es un lugar real, la tierra de los vivientes. Aquí tenemos a Jesús hablando a los dos hombres desde el cielo. Uno de ellos murió y fue al cielo. El otro tomó el autobús express hacia el cielo, por así decirlo-Elías pasó por carro de fuego y un tornado. Moisés murió y su antiguo cuerpo fue enterrado por Dios en una tumba desconocida y su cuerpo espiritual fue llevado al cielo por el arcángel San Miguel. Allí, Dios le dió su nuevo cuerpo. Para ustedes estudiosos de la Biblia, aquí está el versículo. Judas 1:9: "Sin embargo, el arcángel Miguel, cuando conitiende con el Diablo, discute sobre el cuerpo de

Moisés, no se atreve a acusarlo, sino que dice: "El Señor te reprenda".

De nuevo, son buscados en el cielo, vivos o muerto. Como he dicho antes, su último aliento sobre la tierra es su próximo aliento en el cielo. ¡Sucede tan rápido, en un abrir y cerrar de ojos, ni siquiera un parpadeo completo! Miguel llevó a Moisés al cielo tan rápido que no tenemos palabras para describir aquí en la tierra. Pero como has leído antes, la clave es que uno no muere, sino que sale de su cuerpo Viejo y entra en el nuevo. Observe que ambos hombres aparecieron en sus nuevos cuerpos glorificados. En Lucas 9, el final de los versículos 30-31: "Que eran Moisés y Elías, que aparecieron en gloria".

¡Demen un segundo mientras me tomo momento de alavanza! Entonces, gracias. Estoy de vuelta. Usted ve, Jesús nos puso en gloria para hablar de la gloria. Me encanta la genialidad de Dios asegurándose de que usted sabe que esto no fue un sueño, sino algo verdadero, ocurrieno en vivo. La Biblia dice en el versículo 32: "Pero Pedro y los que estaban con él estaban cargados de sueño: y cuando estaban despiertos, vieron su gloria y los dos hombres que estaban con él". "Estos hombres estaban en sus nuevos órganos que no fueron hechos por manos humanas, sino por Dios desde el cielo" Y observe que Pedro fue capaz de reconocerlos. Los llamó por sus nombres. Cuando usted vea a su familia en el cielo, usted será capaz de reconocerlos por supuesto que los conocerá. Hay mucho aquí para compartir que yo tendría que escribir otro libro, sino por el bien de este, vamos a mantener el rumbo.

Así que, de nuevo, el cielo es un lugar real. La gente en el cielo está viva y no descansa en la tumba, ya que están en el cielo. Es por eso que Dios puso la Transfiguración en la Biblia. Uno, para confirmar en Jesús como el único Señor Dios y perfecto sacrificio. "Este es mi Hijo amado, escúchenlo". Dos, a modo que podemos ver que el cielo es un lugar real con seres humanos vivos. Tres, para mostrar que si pone su confianza en él, usted nunca muere. Sólo su cuerpo exterior. El verdadero tú, tú alma y espíritu, abandonará este cuerpo, para ir al cielo, y luego se vistirá con uno nuevo. Es por eso que Él mandó a Moisés con Elías. Él pudo haber enviado a Enoc. Recuerde, él amó tanto a Enoc que él simplemente lo tomó. No, él envió á Moisés, representando a nuestros familiares y amigos que han fallecido. Eso es porque la verdad es que nunca moriremos, solo cambiaremos el viejo cuerpo imperfecto para un nuevo cuerpo que es perfecto y nunca perecerá. Por eso Jesús dice que usted tiene la vida eterna. Piensen en ello. ¿Por qué cree que la vida con Dios es llamada la vida eterna? Su cuerpo muere, pero usted no. Si muriera, incluso por un segundo, no podría llamarse vida eterna.

Recapitulemos. Moisés dejó su cuerpo, fue al cielo y le dieron uno nuevo que no morirá jamás. Elías fue al cielo en su antiguo cuerpo y Dios lo cambió a su nuevo cuerpo que no morirá jamás. Jesús no está sentado en el trono en el cielo solo, señores. ¡Despierten! La vida eterna significa vida eterna. La vida eterna significa exactamente eso: ¡LA VIDA ETERNA! Si muriera, ¿no significaría que usted vive para siempre?, ¿O sí? ¡Duh! ¡María está allí, Juan está allí, los ángeles están allí, mi Mamá, su Abuela, el Dr. King-tantos otros ya están allí! Toque dos personas a su alrededor y digale, "la abuela tenía razón!" "Las monjas estaban en lo corecto!" "¡Mi pastor tenía razón-Jesús es la verdad!"

Por eso viendo que también estamos rodeados de una gran cantidad de testigos, dejemos de lado todo peso y pecado que nos acosan tan fácilmente y corramos con paciencia la carrera que está puesta delante de nosotros. Puestos los ojos en Jesús, el autor y consumador de la fé, el cual por el gozo puesto delante de él sufrió y soportó la cruz, menospreciando la vergüenza y se sentó a la diestra del trono de Dios.

La gente en el cielo puede bajar y cenar con nosotros si Dios los dejara. ¿Pero quién querría dejar el cielo? ¡Pero eso es exactamente lo que sucedió! El señor y dos ángeles del descendieron del cielo y cenaron con Abraham.

En Génesis 18, el Señor bajó del cielo con dos ángeles a decirle a Abraham que Sarah iba a tener un bebé. Mientras estaban allí, Abraham les hizo, les ofreció un ternero asado. No estoy seguro si Sarah era una buena cocinera o no, pero cuando la vea en el cielo, me permitiré preguntarle. ¡Sólo estoy bromeando, hermana Sarah! Estos fueron los mismos dos ángeles que Dios envió a destruir Sodoma. Los ángeles eran tan hermoso que las personas de Sodoma los querían para su placer impío. Esa fue una de las muchas razones por las que él destruyó Sodoma. Pero esa es una historia para otro día. Solo quiero que vean que las personas del cielo realmente puede comer, como usted y como yo. De hecho, si un ángel se acercara a preguntarle por direcciones, no sería capaz de decir que él era un ángel.

Abra su Biblia en Génesis 18:1-8. Esta será la última escritura para este capítulo, porque quiero pasar al siguiente capítulo, "El cielo es un lugar real." Pues bien, Génesis 18:1-8 dice:

Y el Señor se le apareció en las llanuras de Mamre. Y Entonces alzó Abraham sus ojos y miró y he aquí tres varones que estaban con él y él dijo, "Mi Señor, si ahora he encontrado gracia en tus ojos, por favor; ahora deja que traiga un poco de agua, lávate los pies y descansa. Te traeré un bocado de pan para que puedas refrescar Tu corazón". Abraham se apresuró a entrar en la tienda se dirigió a Sarah y dijo, "de prisa, toma tres medidas de harina fina, amasala y hornea pan". Luego corrió Abraham a la manada y eligió un becerro tierno y bueno. Él tomó suero de leche y el becerro que había aderezado y lo púso delante de ellos. Él estaba junto á ellos debajo del árbol; y comieron.

Como puede ver, el Señor del cielo y dos ángeles se sentaron y tuvieron una comida con Abraham. Como dije, si un ángel del cielo se acercara a usted y tuviera una breve conversación con usted, usted nunca podría saber que un ángel estaba hablando con usted. De hecho, cuando algunos de ustedes han entretenido a extraños, ha entretenido a los ángeles sin dares cuenta.

    Con esto concluye el capítulo, "Querido En El Cielo, Vivo o Muerto." Sé que para algunos de ustedes, los nuevos creyentes, esto fue profundo. Para los no creyentes, me alegro de que se mantuvieron hasta el momento y que estén aguantando. Si usted ha estado leyendo este libro todo este tiempo hasta este punto, pongalo a un lado y tome un descanso. Esto ha sido realmente comida para el Alma, se que su Alma y espíritu necesitan digerirla. Le sugiero pensar, meditar y reexaminar su Biblia, revice sus notas antes de pasar al siguiente capítulo. Yo preferiría que usted orara acerca de lo que usted acaba de leer, de manera que obtendrá más la revelación del Señor. De nuevo, esto es el verdadero alimento para el Alma. A continuación, pasaremos al resto del libro, que no es tan duro y mucho más fácil de leer. La parte difícil está hecha; la fundación está establecida. La próxima parada, el cielo. "El Cielo Es Un Lugar Real".

Capítulo 5

El Cielo Es Un Lugar Real

¡Finalmente estamos aquí, mi querido Cielo! Después de cuatro capítulos de edicacción de la fé, muertes y resurrecciones, finalmente estamos en el lugar donde todos queremos estar. Todo el mundo quiere ir al cielo, ¿verdad? Fuimos desde la tierra a las nubes a la luna y ahora, imagine, en la puerta del Cielo. No más golpes en la puerta del Cielo. Es el momento de entrar y ver cómo es la vida en el interior. Este es el lugar que muchos de nosotros han esperado y soñado. ¿Quien está aquí? ¿Qué aspecto tiene? ¿Hay casas aquí? ¿De verdad hay calles pavimentadas con oro? ¿Existe realmente un libro de la vida? ¿Estoy en el libro de la vida? Qué acerca de los veinticuatro ancianos? ¿Están aquí?

¿Recuerda cuándo le mencioné a mi amigo el Bombero que estaba en las torres gemelas cuando se cayeron Escribí que él nunca salió. Sin embargo, Dios me recordó a mi hermana Josie, quien es Cooescritora de este libro (¡Hi, Josie!) (Hola Josie), que mi amigo Benny salió y tengo que hacer la aclaración. Su antiguo cuerpo no salió. ¡Pero su espíritu fue al cielo y Jesús puso a Benny en su nuevo cuerpo! ¡Alabado sea Dios! ¡Sí, él está en el cielo vivo! No sólo Benny sino también a cada persona en las torres que pertenecen a Dios. ¡Dios está ahí en el cielo y todos aquellos que ponen su confianza en Él están ahí! Aquellos que han clamado a Dios durante sus últimas respiraciones están ahí también. Exactamente quién está ahí, sólo Dios lo sabe. Dios ama a todos y Él es el único con la capacidad de ver y leer el corazón de cada persona. Él sabe quienes son los suyos. También es interesante saber que cada uno de ustedes, que entregó su vida al Señor anteriormente, durante la lectura de este libro, ahora tiene asegurada vida eterna; por lo tanto, sus nombres están escritos en el libro de la vida del Cordero. Mientras tanto, en la tierra, anímase a aspirar vivir una vida piadosa y agradar al Señor. Algunas personas que están en el cielo ahora están ahí porque vivieron una vida que era agradable al Señor Jesús. Algunos viven para Dios toda su vida y otros se la dieron justo en el último segundo, como el ladrón en la cruz. Así pues, aquellos de ustedes con seres queridos que han pasado, no juzgue; en su lugar, mantenga el sueño de reunirse con ellos en el cielo. Sólo Dios sabe si están ahí y lo veremos cuando lleguemos allí.

En el capítulo 8 de este libro, "El último día" le permitirá saber más acerca de qué tipo de personas definitivamente no llegarán al cielo. Le daré una pista: tiene que ver con un corazón duro y el arrepentimiento. Por favor, no pase a ese capítulo todavía. Puede que conozca a alguien que encaja en esa descripción y pueden llevaler a juzgar mal a alguien antes de tiempo. Y como dije antes, sólo Dios sabe quienes eventualmente se dirigen a él o no. Usted encontrará muchas sorpresas cuando llegue ahí. ¡Algunos serán sorprendidos de lo que usted hizo! ¡Ja, Ja! Él es el único juez justo capaz de ver dentro de nuestros corazones, nuestras mentes y nuestras almas. Él conoce nuestras motivaciones y nuestro corazón.

Bien, de vuelta al cielo. ¡Usted lo hizo! ¡Está en el cielo ahora! No más lágrimas, no más enfermedades, no más sufrimiento y no más muerte. Todo bebé que alguna vez fue abortado está vivo y en la edad perfecta que Dios quería que el niño vivera en primer lugar. Todo el mundo tiene visión perfecta, por lo que no hay necesidad de gafas. Todo el mundo tiene los brazos y las piernas y así sucesivamente. ¡Todo el mundo es perfecto! Somos perfectos en la forma en que miramos y perfecto en nuestro amor a Dios y los unos a los otros. No hay celos, motivos falsos, mentiras y ni engaños. Ahí, no hay nada por lo que mentir. Ahí todo es verdadero y perfecto. ¡Basta pensar, sin arrugas, sin sobrepeso y no bajo peso. Tendremos ojos perfectos, color del cabello, uñas y músculos-perfecto! Ahí, tu mente es brillante y perfecta, sin olvidar nada más. Basta pensar, todo su ser, mente-cuerpo, alma y espíritu- será perfecto, de la manera que Dios quiere que sea. ¡El cielo es completamente perfecto! Las flores más bellas que ha visto nunca, ya lo verás. Todo es nuevo, con una novedad que va a durar para siempre.

Realmente no podemos comprender cómo el cielo es tan hermoso porque el mundo en que vivimos es tan imperfecto, pero haga su mayor esfuerzo para pensar y meditar. Mire algunas fotos antiguas de usted como se veía y se sentía mejor y multiplique eso por un billón, porque en el cielo lucirá y se sentirá major que eso. ¡Todo lo que no le gusta acerca de usted y otras cosas que se irán para siempre! Las personas de la Biblia, como Abraham, Isaac y Jacob, todos están ahí. También veremos que el Dr. King; él es realmente libre por fin. Imagen de sus viejos amigos de la escuela secundaria, que están ahí. Mi hermano e hijo están ahí mi sobrino. Él sólo vivió durante un día o más en la tierra. Ahora, él está en la edad perfecta que el Señor había establecido para él.

Quiero que llene los espacios en blanco y tengan sus propias ideas maravillosas sobre quién puede estar ahí. Todos están en el cielo perfectos, como Dios quería que fueran. Ellos te conocen y usted los conoces. Los amaba y los extrañaba antes, pero ahora ya no están tristes porque están con Dios, vivos como nunca antes. Y la sensación de amor ahí es indescriptible. Hay tanta alegría y mucha paz. No hay más límites de tiempo o restricciones, porque no hay relojes ni relojeros en el cielo. No hay necesidad de automóviles o camiones; basta pensar dónde quieres ir y estás allí. No hay necesidad de teléfonos; estamos conectados entre sí por el Espíritu Santo.

Piense en lo que acabamos de leer. ¿Recuerdas a Moisés y Elías? Como el Cielo está tan lejos que no podemos medirlo, tendrían que viajar una velocidad instantánea. En el cielo, todos tenemos el mismo tipo de cuerpo que Jesús lo ha hecho. ¿Cómo puedo saber? La respuesta está en 1 Juan 3:2: "Amados, ahora somos hijos de Dios y aún no se ha manifestado lo que hemos de ser; pero sabemos que cuando él se manifieste, seremos semejantes a él, porque le veremos tal como él es." Vamos a ser como él. ¡En el cielo, estará con Cristo y deberá ser como él! En la Transfiguración, cuando el Señor estaba hablando con Elías y Moisés, que estaban en sus cuerpos glorificados, Jesús transparentan Su gloria también. En Hechos 1, Cristo Jesús ascendió al cielo como los discípulos vieron. Durante la ascensión, Jesús viajó hacia el cielo a una velocidad lenta y a continuación, una nube que lo ocultó. Él subió lentamente para que la gente pudiera verlo ir al cielo. Una vez fuera de nuestra vista, él estaba en el cielo en un instante. Jesús viajó a una velocidad no conocida aquí en la tierra. Para nosotros, es rápido; para Jesús no tanto. Viajaremos todos a la misma velocidad en el cielo. Es como la velocidad instantánea del cuerpo celestial es capaz de sólo aparecen de la nada. ¿Recuerdas cuando los discípulos estaban detrás de puertas cerradas? Jesús acaba de aparecer. En la tierra, no tenemos nada para medir la velocidad de Dios o el pueblo de Dios.

Dios, al contrario que el resto de nosotros, no hace acepción de personas. En los cielos, él nos da todas las mismas capacidades. Él nos ama a todos de la misma manera. La carroza que Elías llegó al cielo fue para nuestro beneficio, de modo que pudiéramos recordar y leer acerca de Él hoy y comprender que está vivo en el cielo, lleno de personas vivas. Como puede ver, cuando Elías y

Moisés volvierón a hablar con Jesús la Carroza, no era necesaria. Ellos simplemente aparecierón. ¡No necesitaremos el transbordador espacial; puedo visitar a Marte por mi cuenta! ¡Ja-Ja-Ja! Habrá un nuevo LA, una nueva Francia y Nueva York y así sucesivamente. Dios va a rehacer todo el cielo y la tierra. Al igual que el gran maestro constructor, él destruirá a este mundo y va hacer todas las cosas nuevas. Él tiene la intención de hacer todo perfecto, como era en el principio.

Si usted ha leído este libro hasta este punto y todavía tienen dudas: si Dios lo hizo una vez, él puede hacerlo de nuevo. ¡"Para Dios, nada es imposible!" ¡Hizo esta tierra y él puede hacer una nueva!

Para todos nosotros, los lectores, si usted compra este libro para alguien, por favor, ailentele a tener una Biblia a mano. Prefiero que sean capaces de leer estas cosas por sí mismos. Y para aquellos de ustedes que tienen a alguien que les lea esto, sabemos que se sentirán muy bendecidos al oír todo aquí. El Señor los bendiga a todos grandemente. Aquellos que pueden leer y hacer la investigación por su cuenta, me gustaría hacer una referencia cruzada, para verificar lo que acaban de leer en sus propias Biblias. Pueden ver algo que me perdí.

Quiero que tengan la percepción correcta del Cielo, porque el precepto debe ser sobre precepto, línea sobre línea, línea sobre línea, aquí un poco y allí un poco.

Ahora, busque en su Biblia en Juan 14:1-4:

"No se turbe vuestro corazón; creéis en Dios, creed también en mí. En la casa de mi Padre hay muchas mansiones, moradas; si no fuera así, se lo habría dicho; Voy a preparar un lugar . Y si me fuere y os preparare un lugar, vendré otra vez y os prepararé un lugar yo mismo, para que donde yo estoy, vosotros estéis también. Y donde yo voy, ya sabéis y sabéis el camino".

Aquí podemos ver que en el cielo hay mansiones o moradas. Lo que Jesús está diciendo es que en el cielo, tendrá su propio lugar para vivir. Recuerde lo que Jesús dijo a Pedro cuando Pedro dijo: ¿"Señor, hemos dejado todo para seguirte"? Respondió Jesús:

"De cierto os digo, que no hay hombre que ha dejado casa, o hermanos o hermanas, o padre o madre o esposa o hijos o tierras, por mi causa y los Evangelios, pero él recibirá cien veces más". "Más en este tiempo, casas y hermanos y hermanas, madres, hijos y tierras con persecuciones; y en el mundo venidero la vida eterna".

¡Aquí, nos damos cuenta de que lo recibirá en el cielo será de por lo menos cien veces mejor que lo que está aquí en la tierra: tierras, viviendas y la vida eterna! Algunos pueden pensar que todo lo que se hace en el cielo es permanecer en el templo y adorar a Jesús. Pero usted tendrá su propio lugar para ir. Habrá cosas que hacer, los reinos para visitar, lugares para ir la gente a reunirse. "En la casa de mi Padre hay muchas moradas." Pensar en todas las personas que ya están allí en el cielo, desde Adán y Eva hasta hoy. Pensar que estamos todavía aquí esperando para ir al cielo y sobre todo aquellos que se guardará en el futuro cercano. Dios hará un nuevo cielo y una nueva tierra.

Pero vamos a seguir centrándonos en el cielo hoy. (En la actualidad, no hay un nombre para un nuevo programa de entrevista- ¡el *cielo hoy*!) ¡Pues bien, abanzando! ¡El nombre de la ciudad en la que todas las personas en el Cielo viven hoy se llama la Nueva Jerusalén! Este es el lugar donde nuestros seres queridos están hoy en día. Simplemente, es como si Dios le dice: "He utilizado a los hombres para construir la ciudad vieja de Jerusalén, pero en la ciudad celestial edificaré mi Jerusalén" Su Jerusalén de ahora es un recordatorio de la mayor que está por venir. Recuerde que éste libro es una serie de puntos para conectar. Dios quiere que usted tome lo que usted puede ver y se pueda conectar con lo que no puede ver. Buscar en Apocalipsis 21:1-3:

Entonces ví un Cielo nuevo y una tierra nueva, porque el primer cielo y la primera tierra pasaron y el mar ya no es más. Y yo Juan ví la ciudad Santa, la nueva Jerusalén, descender del cielo, junto a Dios, engalanada como una novia vestida para su esposo. Y oí una voz que clamaba desde el trono diciendo: "Ahora la morada de Dios con los hombres y él morará con ellos". "Ellos serán su pueblo y Dios mismo estará con ellos como su Dios".

Está bien, hay mucho aquí, pero permítanme explicarselos. Para aquellos que están leyendo la Biblia por primera vez, el libro de Apocalipsis es la Revelación de Jesucristo, que Jesús dió a Juan para mostrar a sus siervos lo que pronto ha de suceder. Él lo dió a conocer enviando a su ángel a Su siervo Juan, para que diera testimonio de todo lo que veía, es decir, la palabra de Dios y el testimonio de Jesucristo. En el libro de Apocalipsis, Juan revela cosas que vió entonces y lo que ocurrirá en el futuro cercano.

Teniendo esto en mente, echemos un vistazo de nuevo en Apocalipsis 21:1. Juan dijo: que él vió a los cielos nuevos y la tierra nueva, porque el viejo había pasado. Esto no sucede, sin embargo, como usted bien saben, porque todavía estamos viviendo en la antigua tierra de hoy, de modo que estas son las cosas que sucederán y sólo Dios sabe el día y la hora. Como te dije antes, Dios va a destruir este mundo y hacer uno nuevo. Pero veamos de cerca lo que Juan dice acerca de la Nueva Jerusalén. Apocalipsis 21:2: "Y yo, Juan ví la ciudad Santa, la nueva Jerusalén, descender del cielo, junto a Dios, engalanada como una novia vestida para su esposo." Note que él dice que vió la nueva Jerusalén ¿Qué baja desde dónde? ¡Desde El cielo!

Juan vió la ciudad nueva, que descendía del cielo, que es el cielo de hoy. Ahí es donde está la Nueva Jerusalén. Ahí es donde Jesús está sentado sobre el trono de Dios. Ahí es donde está toda nuestra familia hoy en día. Jesús dejó que Juan viera el lugar que había preparado, que bajara del cielo, de modo que pudiéramos creer. Jesús no tenía que dejar que Juan viera la ciudad que descendía del cielo. Él podía haber dejado que Juan viera el nuevo cielo y la nueva tierra de la Nueva Jerusalén sentado desde el trono, pero dejó que Juan viera la nueva Jerusalén "venida del Cielo" ya que es ahí donde está hoy. Recuerde el tercer cielo, es el paraíso donde está Dios, es perfecto. La nueva Jerusalén, donde Dios habita ya es perfecta ahora. Sin embargo, el primero y el segundo cielo, los que Jesús va a hacer de nuevo, todavía están aquí donde vivimos. Recuerde que la tierra, las nubes, nuestro sistema solar, las galaxias, el universo así se llama el primer y segundo cielo. El tercer cielo, que es la forma más arriba, tan lejos que no tenemos nada en la tierra que nos puede ayudar a ver o tener acceso a él, es la casa de Dios. La Nueva Jerusalén.

Para aquellos de ustedes que les gusta saltar hacia adelante en las lecturas, este no es un libro de esos. Les sugiero que vuelvan atrás y lean desde el principio y a continuación, todo tendrá sentido. El resto de nosotros podemos continuar. En el versículo 21:3: "Y oí una voz que clamaba desde el trono diciendo: "Ahora la morada de Dios con los hombres y él morará con ellos" 'Ellos serán su pueblo y Dios mismo estará con ellos y él será su Dios " Esto es cierto hoy y será en el futuro cercano. Jesús vive con el pueblo de Dios hoy en el cielo. Asi mismo, mora dentro de cada creyente cristiano hoy.

Cuando Jesús haga la nueva tierra, vivirá en la nueva Jerusalén en la tierra nueva, con su pueblo. La

Nueva Jerusalén es tan hermosa que Juan la ha comparado con una novia en el día de su boda. Muchos de nosotros hemos visto una novia en su día de bodas: tan hermosa, tan nueva, con un cabello hermoso, ojos, dedos, uñas, hasta cada detalle debajo de su ropa interior es perfecto. El día de nuestra boda, mi esposa, Neyra, parecía tan hermosa viniendo por el pasillo de la Iglesia Highland que casi me desmayo. ¡La frescura del nuevo amor, un nuevo comienzo-vamos, aquellos de ustedes que son hombres casados! ¡Estoy seguro de que usted entiende lo que quiero decir! Y ustedes señoras casadas, ¿Se recuerdan de las flores? ¿Recuerda el asombro de la multitud cuando la niñita de las flores y el portador del pequeño anillo pasaron? Ah, qué hermoso...como la declaración que dice, "ALGO VIEJO, ALGO NUEVO, ALGO PRESTADO, ALGO AZUL".

Sin embargo, en el Cielo nada es viejo, nada es prestado y todas las cosas son nuevas. El amor es siempre nuevo. ¡El cielo es nuevo para siempre! ¡Forever significa para siempre con Jesús! ¡Impresionante! ¡Sin lágrimas! ¡Sin dolor!

> "Y Jesús se limpie toda lágrima de sus ojos y no habrá más muerte, ni tristeza, ni llanto, ni habrá más dolor, porque las primeras cosas pasaron."
> Y Jesús dijo: "He aquí, yo hago nuevas todas las

cosas". Y él me dijo: "Escribe, porque estas palabras son fieles y verdaderas." Y él me dijo: "Ya está hecho. Yo soy El Alfa y La Omega, El Principio y El Fin. "Le daré de la fuente del agua de vida gratuitamente a quien tiene sed. El que venciere heredará todas las cosas y yo seré su Dios y él será mi hijo." (Rev. 21:4-7)

¡Heredar todas las cosas! Dios mio, podría escribir todo un libro sobre esto solo. Para los super ricos que están leyendo este libro, tienes al menos una pequeña idea sobre la herencia. Para el resto de nosotros, déjenme ponerlo de esta manera: el creyente es un heredero común con Dios. Dios es el padre perfecto y que su hijo o hija. Todo lo que es de Dios es suyo también, una parte de su herencia. ¡Dios mismo es su herencia! ¡Jesús es su herencia! ¡Desde que Jesús va a crear un cielo nuevo y una tierra nueva, el nuevo cielo y la nueva tierra será tuyo! Es por eso que Jesús dijo al hombre rico: "Si eres perfecto, ve y vende todo lo que tienes y daselo a los pobres y tendrás tesoro en el cielo; y ven y sígueme." Para ustedes la gente rica, cálmense; ustedes no tienen que vender todo lo que tienen. Esa fue la palabra del Señor para ese hombre rico, porque conocía el corazón del hombre. Jesús estaba tratando de ayudarlo a ver el error de sus caminos. Si eres rico ahora, ve a ayudar a alguien que está en necesidad. Si crees que tienes algo ahora, sólo esperar hasta llegar a casa, al cielo. Cuanto más tendrás. Cada hijo o hija de Dios que está en el Cielo con el Señor, ahora es más rico que nadie aquí en la tierra que este sin el Señor. ¡Somos coherederos con Cristo! ¡Guao! Nuestra herencia sobrepasa con mucho lo que tenemos ahora. ¿Recuerde cien veces? ¡Estoy seguro de que es algo más que eso! Pero, para ser sinceros, ¿A quién le importa-mientras estoy con Dios?

¿Debo seguir? Yo creo que sí. Un ángel llevó a Juan a una montaña grande y alta y le mostró esa gran ciudad, la Santa Jerusalén, descendiendo del cielo, junto a Dios. Obviamente, hay montañas y colinas en el cielo. Es por eso que el ángel tuvo que llevar a Juan a una montaña grande y alta para verlo. Como verá, el ángel mide la ciudad. Además, Dios Mismo ilumina la ciudad con su propia gloria, algo así como nuestro sol hoy. Por ejemplo, hoy en Nueva York, el cielo está nublado y lloviendo. No puedo ver el sol, pero sé que es de día, porque la gloria de Su luz ilumina el día. Dios es mucho más brillante que el sol y su gloria ilumina todo el cielo.

Que la gloria de Dios y su luz era semejante á una piedra preciosísima, como piedra de jaspe, resplandeciente como cristal; y tenía una muralla grande y alta y tenía doce puertas y en las puertas doce ángeles y nombres escritos al respecto, que son los nombres de las doce tribus de los hijos de Israel. La Nueva Jerusalén es un cubo perfecto de arriba a abajo. Al oriente tres puertas; al norte tres puertas; al sur tres puertas; y al oeste de tres puertas. Las murallas de la ciudad tiene doce fundamentos. Sobre la base de los cimientos son los nombres de los doce apóstoles de Jesús. (Apo. 21:11-14)

El ángel que habló con Juan tenía una regal hecha de oro puro, para que el ángel pudiera medir la ciudad. Obviamente, las herramientas en el cielo estarían echas de oro. No es que Dios necesita un camion hecho de oro. La regla de oro es para nuestro beneficio, para que sepamos que estamos hablando en esta lectura de mediciones reales de una ciudad real. De nuevo, el cielo es un lugar real.

La ciudad se presenta como un cuadrado, de largo y de ancho. El ángel midió la ciudad con regla y nos pareció ser de 1.400 millas o unos 2.200 kilómetros de longitud y tan amplia y tan alta como lo es largo. Las murallas de la ciudad son 216 pies de grueso de medida de hombre, la cual es del ángel. Las paredes están hechas de Jaspe y la ciudad de oro puro, tan puro como el cristal. (Apo. 21:15-18)

Pensar en nuestra ciudad Jerusalén aquí en la tierra. Las grandes murallas alrededor de la nueva ciudad sería de 216 pies de ancho y hecha del mejor jasper de todos los tiempos. Ahora, piense en las doce puertas hechas de una perla gigante cada una. ¡Cada puerta hecha de una perla enorme! Con la ciudad está 1.400 kilómetros de altura y las paredes de 216 pies de grueso y con cada puerta hecha de una sola perla, tendrían que ser doce de las mayores perlas nunca vistas. ¡Ahora imagine todo lo que hay en el interior de los muros de Jerusalén hecha de oro puro! ¡Guao! Las casas y el suelo, todo hecho de oro puro. Me imagino que el oro es tan brillante y tan puro que parece que estás mirando a través del vidrio.

En la Nueva Jerusalén: Los cimientos de los muros de la ciudad están decoradas con toda clase de piedras preciosas. El primer fundamento era jaspe; el segundo, zafiro; el tercero, calcedonia; el cuarto, esmeralda; el quinto, sardónica; el sexto, sardio; el séptimo el crisotilo, el octavo, berilo; el noveno topacio; el décimo, crisopraso la 11ª y la 12ª jacinto, amatista. Las doce puertas eran doce perlas y cada puerta era de una perla. La gran calle de la ciudad es de oro puro, transparente como el cristal. (Apo. 22:19-21)

No hay ningún templo en la nueva Jerusalén, "porque el Señor Dios Todopoderoso y el Cordero son su templo. La ciudad no necesita el Sol o la Luna para brillar en ella, porque la gloria de Dios da luz y el Cordero es su lámpara" (Apo. 21:22-23).

Cuando la ciudad esté aquí en la tierra nueva:

Las naciones caminarán por su luz y los reyes de la tierra traerán su esplendor a ella. Nunca más se cerrarán sus puertas, porque allí no hay noche. La gloria y la honra de las naciones serán introducidas en ella. El libro de la vida está en el centro de la ciudad y solo pueden ingresar aquellos cuyos nombres están escritos en el libro de la vida del Cordero. (Apo. 22:24-27).

En el centro de la ciudad está el río de la vida. Buscar en Apocalipsis 22:1: "Entonces el ángel me mostró el río del agua de la vida, resplandeciente como cristal, que fluía del trono de Dios y del Cordero." No hay dos tronos; es el trono de Dios y del Cordero. Jesús es el Cordero que está sentado en el trono de Dios. Manteniéndolo simple, la verdad es que Dios se hizo hombre, Jesús y lo hizo para salvarnos.

El río de la vida pasa por el medio de la gran ciudad. A cada lado del río, estaba el árbol de la vida, que lleva doce frutos, dando cada mes su fruto. Y las hojas del árbol eran para la sanidad de las naciones. No habrá más maldición. El trono de Dios y del Cordero está en la ciudad y sus siervos le servirán. Y verán su cara y sus nombres estarán en sus frentes. (Apo. 22:2-4)

Para aquellos que aman los tatuajes, lo sentimos en el cielo, sólo hay uno, el que más importa su nombre. Sí, el nombre de nuestro SALVADOR estará justo en nuestras frentes.

No habrá más noche. No necesitan lámparas o la luz del sol, porque Dios el Señor les dará la luz. Y reinarán por los siglos de los siglos. El ángel me dijo: Estas palabras son fieles y verdaderas. "El Señor, Dios de los espíritus de los profetas, ha enviado su ángel, para mostrarle a su siervo las cosas que deben tener lugar pronto".

"¡He aquí, Yo vengo pronto! Bienaventurado el que guarda las palabras de la profecía de este libro".

Yo Juan soy el que ha oído y visto estas cosas. Y cuando los oí y los ví, me postré a los pies del ángel para adorarle por lo que me estaba mostrando. Pero él me dijo: "¡No lo hagas!" Yo soy siervo contigo y con tus hermanos los profetas y con los que guardan las palabras de este libro. "¡Adorar a Dios!" (Apo. 22:5-9)

Como usted acaba de leer, el cielo es un lugar muy real, con una ciudad con la gente y los ángeles que entran y salen. ¡De nuevo, como he mencionado en los capítulos anteriores, nuestros seres queridos están vivos! ¡Es increíble! Observe que el ángel dijo a Juan que él es un siervo con sus hermanos, los profetas. Por eso, cuando Dios apareció a Moisés en la zarza ardiente, dijo: "Yo soy el Dios de Abraham, de Isaac y de Jacob." Dios es Dios de vivos y no de los muertos.

Esto casi se cierra este capítulo, "El cielo es un lugar real." Para aquellos de ustedes que todavía pueden estar luchando con el miedo de la muerte, que el Señor Jesús tiene la última palabra sobre la vida después de la muerte. Como lo es hoy, por lo que fue en el tiempo de Jesús: Habían personas que no creían que había vida después de la muerte. Los maestros religiosos fueron llamados los Saduceos. Trasladese a Mateo 22:23 y veamos Cuál fue la respuesta de nuestro Señor a la pregunta de a la vida después de la muerte. Y como siempre, aquí están las Escrituras, a partir de Mateo 22:23 y termina en el versículo 33:

> Ese mismo día, los Saduceos, que dicen que no hay resurrección, vinieron a él con una pregunta. "Maestro", dijeron: "Moisés nos dijo que si un hombre muere sin tener hijos, su hermano debe casarse con la viuda y tener hijos para él. Ahora bien, hubo siete hermanos entre nosotros. El primero se casó y murió y como no tuvo hijos, dejó su mujer a su hermano. Lo mismo sucedió con el segundo y el tercero, hasta el séptimo. Finalmente, la mujer murió. "Ahora bien, ¿En la resurrección, de quién sera la esposa de entre los siete, ya que todos ellos estaban casados con ella?" Jesús les respondió, "Usted está en un error, porque usted no conose las escrituras y el poder de Dios. En la resurrección, la gente no se casará ni serán dados en casamiento, mas son como los ángeles en el cielo. Pero acerca de la

resurrección de los muertos, ¿No habéis leído lo que Dios dijo: "Yo soy el Dios de Abraham, Dios de Isaac y el Dios de Jacob"? Él no es Dios de muertos, sino de vivos." Y oyendo esto las gentes, estaban atónitas de su doctrina.

Algunos de los que están leyendo este libro hoy se sorprende en su enseñanza. Aquí tienes al Señor Jesús dando los últimos toques a este capítulo, "El cielo es un lugar real." Para aquellos de ustedes que se les enseñaba que sus seres queridos están durmiendo en la tumba, eso no es cierto. Él no es Dios de muertos, sino de vivos. "Estar ausentes del cuerpo es estar presentes con el Señor." Ellos dijeron esto porque no sabían las escrituras y el poder de Dios. En el cielo no hay matrimonio. Todos nosotros somos hermanos y hermanas con uno de Dios Padre. Y para aquellos de ustedes que todavía creen que mientras están muertos, las personas están durmiendo en la tumba, en espera de la resurrección, aquí está la respuesta de Jesús: "¿No habéis leído lo que Dios dijo, "Yo soy el Dios de Abraham, Dios de Isaac y el Dios de Jacob"? Él no es Dios de muertos, sino de vivos".

Como puedo comenzar a cerrar este capítulo, "El cielo es un lugar Real". Le desafío a leer, estudiar y orar por usted para obtener más comprensión y sabiduría de parte de Dios. Hay más en la Biblia que explica sobre el cielo que este o cualquier otro libro que alguna vez aya visto. Somos capaces de crecer espiritualmente en Dios a medida que Él nos revela más de sí mismo. Estoy seguro de que después de que se publique este libro también habré aprendido mucho más. Sí, esa es la forma en que se encuentra con Jesús nuestro Señor: cuanto más nos acercamos a él, hay más que aprender de él. Pido a Dios que su corazón esté lleno de alegría, ya que se le ha recordado que su familia no está perdida o ha desaparecido para siempre, sino que están con el Señor. ¡Están mucho mejor que nosotros, eso es seguro!

Para algunos de ustedes que están realmente enfermos y casi regresan a casa, al Cielo, pido a Dios que todo lo que han compartido les ayude a eliminar el temor de la muerte. ¡Rezo para que usted mire hacia adelante para salir de este cuerpo y conseguir su Nuevo cuerpo que durará para siempre! Oren el uno por el otro, pidan a Dios que curen, pero sabemos que si usted ha puesto su confianza en el Señor Jesucristo, para estar con él siempre es mucho mejor. Su último aliento aquí es su próximo aliento en el cielo vivo, no durmiendo en la tumba. Para aquellos de ustedes que han ido a los funerales y escuchó al predicador decir que "están descansando y en un lugar mejor", ahora sabe que realmente están en un lugar mejor por seguro.

    Piense un poco. Medite en ver al SEÑOR JESUS CRISTO cara a cara. Piense en todo el mundo que verá allí también y acerca de esta hermosa ciudad, la Nueva Jerusalén. El cielo es un lugar tan lleno del amor de Dios y la paz de Dios, donde las personas son felices para siempre sin las preocupaciones de esta vida. Dios quiere que usted piense en las cosas celestiales. Colosenses 3:2 "Pensar en las cosas de arriba." Dios y Jesús están vivo y todo el mundo que está viviendo allí. Además, para los amantes de los animales, cuando Jesús cree la nueva tierra, habrán animales:

> "La justicia será su cinturón y fidelidad la banda alrededor de su cintura, el Lobo vivirá con el Cordero y el Leopardo se acostará con la Cabra, el Becerro y el León y la bestia domestica andarán juntos y un niño pequeño los pastoreará. Las Vacas se alimentan con el Oso, sus crías se acuesta juntos y el León comerá paja como el Buey. El Bebé jugará cerca del agujero de la Cobra y el niño pondrá su mano en el nido de Vívoras. No se afligirán, ni harán mal en todo mi santo monte; porque la tierra será llena del

conocimiento de Jehová, como cubren la mar las aguas. En ese día, la raíz de Isaí servirá como una bandera para los pueblos; las naciones se unirán con él y su lugar de reposo será glorioso." (Isa.11:5-10)

    Por lo que se puede ver, todos en el cielo están viviendo en amor, paz y armonía el uno con el otro y con Dios. Jesús va a rehacer todo lo que se ve hoy para empezar desde cero. Él hará una nueva tierra, las estrellas, las galaxias, universo-todo. La nueva tierra estará llena de todos los animales y de la belleza, como lo era antes de que el pecado entrara en el mundo y lo destrozara todo. Regresa por Tu cuenta y lee Génesis 1 y 2. Todo lo que sucedió en Génesis 1 y 2 será de nuevo. Allí usted podrá ver exactamente cómo Dios quería que fuera al principio. Recuerde que Cristo dijo "He aquí, yo hago nuevas todas las cosas." Sí, todas las cosas serán nuevas. Entonces Dios enviará la nueva Jerusalén y el Señor y su pueblo vivirán juntos en paz y armonía para siempre. Pero por ahora, todos nuestros seres queridos que creen que están en el cielo-vivo y esperando ese día. El cielo es la tierra de los vivientes. El cielo es un lugar real.

Capítulo 6

Llamada de los nombres

Este es el capítulo más sencillo en este libro, pero también el capítulo más importante. Dios le está llamando y a cada personaque todavía se detiene por nombre. Dios está llamando a los siguientes nombres. Algunos nombres están escritos más de una vez. Algunos Dios ha llamado más de una vez a la vida con él para siempre. Dios quiere escribir los siguientes nombres en el libro de la vida del Cordero. Cristo Jesús es el Cordero de Dios. Algunos de los nombres a continuación están escritos en el libro de la vida. Jesús hizo esto posible con su propia sangre. Aquí están las palabras de Jesús en rojo que representa la sangre derramada por los siguientes nombres. "He aquí que estoy a la puerta y llamo; si alguno oye mi voz y abre la puerta, entraré a él y voy a cenar con él y él conmigo. De cierto, de cierto os digo: El que oye mi palabra y cree al que me envió, tiene vida eterna; y no vendrá a condenación, mas ha pasado de muerte a vida".

¡Dios le está llamando! ¡Jesús os llama! Este es el llamamiento de los nombres:

Mike, Tommy, Hao, Shirley, Toney, Eddie, Ann, Anna, Jimmy, Bobby, Joe, Stella, Karen, Hal, Naomi, Janice, Robert, Richard, Crystal, Carmelo, Jamel, John, Sharon, Michelle, Tapio, Lin-Lin, Justin, justicia, Neyra, Edward, Jason, Tracy, Mel, Gregg, Nat, Vincent, Marques, Elias, Jeremy, Elías, Daniel, Samantha, Rosemarie, Lien, Albert, Maria, Gale, Steve, Isabel, William, Christine, Carl, Dave, David Scott, Louis, Beth, Janette, Janet Walker, Walt, Amare, Shelia, François, Glen, Curtis, Dan, Kenny, Roger, Tammy, Margret, Renishaw, Cheyenne, Jace, Doug, Jennifer, Regina, Rihanna, Rhianna, James, Kellie, Jessica, Mateo, Ariel, Ethan, Angela, Camille, Jutta, Elaine, Enza, Enzi, Corrine, Noel, Tom, Larry, Jackie, Kyle, Susan, Kate, Kim, Anthony, Jillian, Kevin, Tasanee, Laura, Melanie, María, Alexia, Alexis, Alexa, Allison, Courtney, Rachel, Hajime, Melissa, Ivy, Heidi, Barbara, Keolani, La aliá, Esther, Cliff, Liz, Elizabeth, Fantasia, Huang, Gina, Phyllis, Claudia, Karen, Andrew Ryan, Zach, Zack, Zackary, Zacarías, Jeremías, Dwayne, Enoye, Khaliah, Andrea, Thomas, John, Danny, Jake, Michael, Carlos, Howie, Aaron, Nicole, Elaine, Juan Patricio, Devante, Loreini, Lawrence, Daniel, Gary, Deidra, Ishan, Stephano, Stephanie, Jamel, Yori, Coby, Chelsea, Christopher, Donna, Lenny, Quinn, Liam, Marissa, Sondra, Sandra, Génesis, Raven, Steven, Kristen, Stephen, Hilda,

Edith, José, Josué Evlise, Wesley, Jeziel, Corey, Teresa,
Frank, Toni, Kurt, Johnny, Kris, Antonio, Vincenzo,
Daniel, Caleb, Justin, Sara, Rebeca, Rebecca, Katie,
Chun, Katherine, Tatsuo, Kathy, Nikki, Vinny, Matt,
Douglas, Jen, Debbie, Jimmy, Judy, Pablo, castidad,
rico, Richard Ashley, Shay, Lucy, Torian, Lindsey
Myllasa, Aria, Jess, Ali, Keith, cobre, Colin, CJ,
Marilyn, Stacey Ann, Stacey, Lauren, Ellen, Gabriella,
Gabby, Arianna, Rashida, Irene, José, Joey, Krystal,
Lei, Jian, Desiree, Yoon, Mikael, Rainer, Cindy, Lillian,
Lillana, Elena, Seth, Sam, Sammy, Jamie, Zhuang,
Kyra, Danielle, Marca Garrett, Kana, Kayla, Katelynn,
Akahana, Catelynn, Zacharia, Katherine, Vito, Mark ,
Kim, George, Aggie, Bill, Willie, Victor, Dean, Patrick,
Jennifer, Val, Janet, Lois, Ezequiel, Marlon, Pat,
Angelo, Ronda, Rainer, Tyson, Raymond, Cong,
Marcus Allen, Eli, Jr. Lin, incluso, Pierre, Don, Kevin,
Ester, Apollonia, Ralph, Darrel, Carol, Ron, Danny,
Fumi, Ganahara, brezos, Frances, Fay, Abhiti,
Vanisha, Tara, Pablo, Vicky, Donald, Dee chica,
Héctor, Nelson, Frank, Lynette, I Anna, Rakia, Zakia,
Silvia, Barack, Hue, María, Marta, Priscilla, Kent,
Sylvester, Aito, Donna, Horacio, Pedro, Rudy, Albert,
Maria, Charles, Neil, Andre, Arvin, Audrey, Aurea,
Colin, Dhina, Elizabeth, Errol, Jun, Gerry, Jack,
Joanne, Rosario, Dexter, Ethan, Ariel, Josie, Derek,
Meagan, Hibiki, Trisha, Gangol, Amanda, Kelly, Kirk,

Sally, Kate, shaquille, Doug, Ed, Tina, diminuto, Isaías,
Rachel, Adam, Troy, Abdul, Dean, Mateo, Timoteo,
Brittney, Jazelle, Gladys, Donnie, Boomer, Karin Kimi,
Gunnar, Boa, Carlton, Jiao, Rosie, Shelly, Rosaria,
Johan, Monique, Jose, Esdras, Joel, Sal, Mona Meital,
Molly, Richie, Bam, Joji, Teba, Reba, Maureen, Katie,
Tom, Tony, Juan, Jay, Bik, Jesús, Carmen, Carman,
Lisa, Liza, Salomón Haggai, Ruth, Gedeón, Jeremías,
Hy, Omri, Eva, Lizzie, Petey, Elvis, Sidney, Alex,
Winston, Fe, invierno, verano, Príncipe, Princesa,
Ray, Raymond, Lamont, Aadi, Aamina, Chiemi,
Chieye, Zi Zhuo, Takara, Tamayo, Gao, Hatsu, Hideaki,
Harue, colgar, Isako, Jaya, Jorani, Jin, Kanya, Kana,
Una, Jess, Jeff, Cece, arenoso, Sofía, Emma, Isabella
Olivia, Lily, Chloe, Madison, Emily, Abigail, Addison,
Madelyn, Ella, Hailey, Kaylee, Avery, Brooklyn,
Peyton, Layla, Hannah, Alden, Alton, Jackson, Mason,
Liam, Jacob Jayden, Noé, Lucas, Logan, Caden,
Connor, Brayden, Benjamin, Nicholas, Alexander,
Daren, Alexandra, Landon, Charlotte, Natalie, gracia,
Amelia, Arianna, Gabriella, Elsie, Lillian, Makayla,
Alyssa, Yi Yun, Isabelle, Savannah, Evelyn, Leah,
Keria, Lucy, Taylor, Lauren, Harper, escarlata, Brianna,
Mai Piao, Mei, Victoria, Liliana, Aria, Annabelle,
Gianna, Kennedy, Julia, Bailey, Jordyn, Nora, Caroline,
Mackenzie, Jazmín, Jocelyn Kendall, Ricardo,
Morgan, Nevaeh, Brooke, Aniweta, Penelope, violeta,

Hadley, Ashlyn, Sadie, Paige, Qiao, Sienna, Piper,
Nathan, Dylan, Andrew, Gabriel, Gavin, Owen, Carter,
Tyler, cristiano, Wyatt, Tisha, Henry Joseph, Max,
Grayson, Christopher, Concetta, Contessa, Levi,
Charlie, Dominic, Oliver, Chase, Cooper, Tristan,
Colton, Austin, Hunter, Saveria, Parker, Ian, Jordania,
Cole, Julian, Asad, Carson, millas, Blake, Sebastian,
Adrian Brody, Nolan, Fortunato, Francesca,
Fortunato, Giacomo, Gracja, Grazia, Juan Zeta, Riley,
Bentley, Xavier, Asher, Dino, Miqueas, Josías,
Nathaniel, Bryson, Ryder, Bryce, Kourtney, Rosa,
Arnett, Terry, Venetia, Nance, Patricia, Emily, Lucy,
Giada, Vonetta, Ankoma, Loverme, Robyn, Kirby,
Gloria, Yvetteliz, Murphy, Dale, Dottie, Mary Lou,
Jules, María, Leann, Dotty, Laverne, Linda Brenda,
Viridiana, Tyrone, Sultana, Pamela, Mario, Puffy,
Danica, Shaun, Dwight, Justin, George, Mildred,
Vinnie, Irene, Abam, Abassi, Addolorata, Carisa,
Carlo, Elisio, Bruce, Cliff, Guido, Rufino, Stephanos,
Virgilio, Zola, Carlos, arenoso, Sandra, Vanessa,
Valdis, vanidad, Lee, David, Tory, Pierre, Ed, Edward,
Josephine, Josie, Josellys, Derrick, Emilio, Ariel,
Gabriel, Reina, Luis, Dominique, Angel, Marques,
Michelle, Guillermo, Peter, Jim, Maricela,
Marymadeline, Jeremías, Jedidiah, Rose Sharon,
Lucas, Jaechelle Khaleesi, Armani, Ackmed, Lee,
Laura, Adán, Eva, Steven Paul, Rebecca, Anthony,

Michael Bruce, Devin, Blake, Ronald, Donald, Jake, Jace, Justin, Barbara, Dora, Doris, Liam, Nancy, María Dolores, Lourdes, Eric, Tuty, Katie, Mark, Marcus, Trina, Tina, José, Joel, Frank Soel, Nida, Leonida, Lonnard, Lonnie, Junior, brezo, Cathy, Casey, Bob, Beatriz, Sara Sara, William, Winston, Wilma, Denise, el destino, la justicia, el Milagro, Leslie, Curt, Caín y Abel, Alegría, Joyce, Martha, Lauren, Carl, Danny, Daniel, _____ _____ _____ _____ _____
_____ _____ _____ _____ _____
_____ _____ _____ _____
_____ _____ _____ _____
_____ _____ _____ _____
_____ _____ _____ _____
_____ _____ _____ _____
_____ _____ _____ _____
_____ _____ _____ _____
_____ _____
_____ _____ _____ _____
_____ _____ _____
_____ _____ _____ _____
_____ _____ _____

_____ _____ _____
_____ _____ _____
_____ _____ _____
_____ _____ _____
_____ _____ _____
_____ _____ _____
_____

    Si no vió su nombre y desea el gran amor de Dios y el perdón, aquí está tu oportunidad. Dios le está dando una oportunidad única. Puede escribir su nombre en el libro de la vida. Mediante la firma de su nombre, le están pidiendo a Jesús que le perdone por todos sus pecados, sus pecados del pasado, sus pecados ahora y sus pecados en el futuro. Al firmar, usted está confirmando que desea el amor de Jesús y el Espíritu Santo del padre para que vivan en usted. Su firma confirma que desea que Jesús sea su Señor y Salvador. Estos espacios son para usted, su familia y sus amigos. Si quieren el amor y la misericordia inagotables de Dios, todo lo que tienen que hacer es firmar y recibirán su Espíritu Santo. Dios ha prometido que incluso antes de que usted termine su firma, usted ya estará escrito en el libro de la vida, que está en los cielos. El cielo es un lugar real.

Capítulo 7

Siete preguntas de Tommy

Aquí están algunas de las preguntas que algunas personas tienen para Dios, pero tienen miedo de preguntar:

Pregunta #1: Si hay un Cielo ¿Por qué existe una Tierra? ¿Por qué tiene el intermediario?

Pregunta #2: Si te comunicas por teléfono con seis personas y la historia original cambia entre estos seis, entonces ¿Cómo se puede creer en la Biblia, que fue escrita hace tantos años?

Pregunta #3: Si verdaderamente hay un Dios, entonces ¿Por qué permitiría que un demonio hiciera el mal?

Pregunta #4: Habían muchos mitos escritos cuando el hombre no podía comprender las respuestas a las cosas. ¿Podría la historia de Adán y Eva de la Biblia ser un mito?

Pregunta #5: Si en verdad la Biblia es el libro de todos los libros, entonces ¿Por qué hay tantas formas de la Biblia y tantas distintas creencias y religiones?

Pregunta #6: Si Jesucristo vino a la tierra como el hijo del Señor, entonces ¿Por qué no enviarlo de vuelta en este momento para hacer creer a la gente?

Pregunta #7: Yo siempre guardo lo mejor para lo último. Hace muchos años, cuando las personas no tienían ningún tipo de evidencia científica para responder a las preguntas que tenían, crearon mitos acerca de ellas para hacerlo mas facil. Ahora, cuando se sabe esto, cuando las personas murieron frente a otras personas, debe haber habido un gran caos-en las personas lloraban y se preguntaban ¿Por qué se habían ido sus seres queridos?. No entiendieron que la vida llega a su fin o ¿Por qué?. Por lo tanto, aquí está la pregunta: ¿Cómo sabemos que un sabio anciano Judío no solo decidió escribir toda la Biblia para consolar a todas estas personas solo para que no sintieran miedo de morir?

Las preguntas previas son de un amigo mío llamado Tommy. Él y su maravillosa esposa, Janet, me dieron el honor y el privilegio de hablar en su boda. Estas son las preguntas que tenía y quería respuestas. Sintió que muchas personas tienen las mismas preguntas, pero tienen miedo de hacerlas. Las personas tienen miedo de hacer preguntas acerca de Dios y de su pueblo. Tal vez en toda su vida le han dicho: "¡Usted no debe cuestionar a Dios!" Bueno, eso no es cierto. Dios da la bienvenida a sus preguntas. Él te ama ¿por qué no querría que le hicieras preguntas? Aquellos que dijeron que no cuestionaras a Dios realmente no entienden las Escrituras o el amor de Dios. ¿Puede usted imaginar a alguien diciendo, "Yo realmente, realmente te amo y moriría por ti, pero no puedes hacerme ninguna pregunta?" ¡Venga, ahora realmente! Para algunas personas, puede ser que tengan miedo de escuchar las respuestas, por lo que prefieren no preguntarle, o quizás temen que Él no responda en absoluto. ¡Estas son las personas que no cuestionan a Dios! Bien, tengo la certeza de que Dios contesta las oraciones y preguntas. A veces él contesta enseguida y a veces, años más tarde, porque en algunos momentos en nuestras vidas, puede que todavía no estemos preparados para entender ciertas cosas. También hay ciertas cosas que sólo serán contestadas cuando lleguemos al

Cielo. Pero anímense, porque hay muchas cosas que Dios les revelará mientras estén aquí en la tierra.

Bien, ya que Tommy me hizo estas preguntas, trataré de hacer lo posible para responderlas de la mejor manera. También voy a añadir algunas preguntas más que las personas me han hecho a lo largo de los años. Voy a rezar y pedir la ayuda del Señor para responder a estas preguntas. Les desafío a pedir a Dios por sí mismo. Dios,les responderá. De esta manera, para utilizar las palabras de Tommy puedes cortar el "intermediario".

Pregunta #8: Si Dios ama a las personas ¿por qué les está enviando algunos de ellos al infierno?

Pregunta #9: Si Dios es bueno ¿por qué los niños pequeños y las buenas personas se enferman, sufren y mueren?

Pregunta #10: ¿Por qué un Dios Bondadoso y bueno crearía el infierno?

Pregunta #11: ¿Qué hay de aquellos que han muerto, pero nunca habían oído hablar de Jesús? ¿Están en el infierno?

Pregunta #12: ¿Es cierto que cuando mueres, duermes o descansas en la tumba hasta el día del Juicio? (Ahora, estas preguntas fueron contestada en los capítulos anteriores, pero voy a compartir más).

Las respuestas

Pregunta #1: Si hay un Cielo ¿Por qué existe una tierra? ¿Por qué tiene el "intermediario"?

Sí, hay un Cielo. De eso se trata este libro. El cielo es un lugar real. Por cierto, Tommy, en realidad hizo esta pregunta antes de que escribiera este libro. Estoy seguro de que si Tommy hubiera podido leer este libro antes, no habría hecho esas preguntas. Pero como hizo estas preguntas hace años, las responderé de todos modos. Dios creó los cielos y la tierra como una expresión de su Amor. Lo hizo porque nos ama y quiere que tengamos lo mejor. Como era en el principio, Dios quería vivir con la humanidad para siempre en la tierra. Antes que Adán y Eva desobedecieran a Dios por comer del árbol del conocimiento del bien y del mal, amaban a Dios y disfrutaban de la comunión con él aquí en la tierra. (Para mis lectores jóvenes, Adán y Eva solían salir con Dios en esta tierra para "pasar un buen rato con Dios " ¡Qué bueno es eso, salir con Dios! Hoy, en todas las edades tenemos el mismo privilegio a través de Su Espíritu Santo. ¡Tenemos que pasar tiempo con el Padre cada día, a través de Su Espíritu Santo! ¡Pero no hay nada como ver a Jesús cara a cara!

Cualquier padre humano amoroso querría dar a sus hijos lo mejor. Pues bien, Dios nos ha dado lo mejor de sí. Él les dio lo mejor a Adán y Eva, incluso desde el principio. (¡Por cierto, siempre que vea las palabras escritas todas en mayúsculas, especialmente a DIOS, JESUS, el ESPIRITU SANTO, o el CIELO, es gritar de gozo por lo que Dios ha hecho!).

Muchas veces un hombre usa esta línea para conquistar una chica: "Bebé, te daré el mundo". Bueno, sólo con Dios, eso es cierto. Este Universo, los Planetas, las Estrellas, el Sol y la Luna fueron creadas para todos nosotros. ¡Él realmente nos ha dado el mundo! Antes, la tierra era nuestra casa para vivir con Dios, pero ahora, a causa del pecado, tendremos que esperar hasta llegar al cielo para disfrutar plenamente de nuestro tiempo con él. Por medio de Su Espíritu Santo, podemos todavía tener gran compañerismo con él aquí en la tierra, pero en el Cielo, realmente no habrá límites.

En el principio, Dios nos dio todo menos un árbol!

> "Entonces el Señor Dios tomó al hombre y lo puso en el Jardín del Edén para cuidarlo y conservarlo". Y mandó Jehová Dios al hombre, diciendo: "De cualquier árbol del jardín puedes comer libremente, pero del árbol del conocimiento del bien y del mal no comerás, porque el día que de él comas, ciertamente morirás" (Gén. 2:15-17)

De hecho, después de que el hombre pecó, se escondieron de Dios. El Señor tuvo que llamarlo, porque estaban escondidos.

> Y oyeron la voz de Jehová Dios que se paseaba en el huerto en el fresco del día y Adán y su esposa se escondieron de la presencia de Jehová Dios entre los árboles del huerto. Entonces el Señor Dios llamó a Adán y le dijo: "Adán, ¿dónde estás?" Así que dijo: "He oído su voz en el jardín y tuve miedo porque estaba desnudo y me escondí".
>
> (Gén. 3:8-10)

Como puede ver, Dios y el hombre vivieron aquí en perfecta armonía antes de la caída. La tierra no es el intermediario-se suponía que era nuestro hogar con Dios para siempre. Pero echamos todo a perder. La gran noticia, como hemos estudiado anteriormente, es que Dios destruirá este mundo para hacer nuevas todas las cosas. Entonces vamos a vivir con Dios para siempre, como él quería en el principio.

Antes de pasar a la siguiente pregunta, quiero sacar a mi hermana Eva del gancho. Adam estaba de pie junto a Eva y vió el diablo engañar a su esposa. Si Adán hubiera detenido la serpiente o alejado a Eva, la caída nunca habría ocurrido. De hecho, sus ojos no estaban abiertos al pecado hasta que Adán comió del fruto. Una vez que Adán comió del fruto, entonces se les abrieron los ojos y conocieron que estaban desnudos.

Y la fruta que comían no era una manzana. En ninguna parte de la Biblia dice que el fruto era una manzana. La Biblia dice que era un árbol con fruto. Y las manzanas dijeron, "¡Amen!" La Biblia no dice qué tipo de fruta era, así que por favor, la gente puede comer manzanas de nuevo. Veamos Génesis 3:6: "Así que, cuando la mujer vio que el árbol era bueno para comer, que era agradable a los ojos y deseable hacerla sabia, ella tomó su fruto y comió. Ella también dio algunos a su "ESPOSO CON ELLA y ÉL LO HIZO COMIO". Puse la palabra *con* todo en mayúsculas para hacer el punto que Adam estaba de pie allí con ella. Compruébelo en su Biblia- que él estaba con ella. Fue así que una vez que Ella no murió, se dijo a sí mismo, "Hmm, debe estar bien. "Ahora voy a comer" y él comió. Aquí está el versículo 7: "Entonces fueron abiertos los ojos de ambos y conocieron que estaban desnudos; entonces cosieron hojas de higuera y se hicieron delantales." Observe que después de que Adán come, entonces se les abrieron los ojos. Es por eso que Dios no estaba con ella. Ambos pecaron; ambos estaban en problemas. Pero si el hombre hubiera hecho su trabajo y hubiera protegido a la mujer, la caída del hombre nunca habría ocurrido. Es por eso que la primera persona que Dios llamó fue Adán: "¿Dónde estás?".

Pregunta #2: Si usas el teléfono con seis personas y la conversación original cambia entre estas seis, entonces ¿Cómo se puede creer en la Biblia, que fue escrita hace tantos años?

La Biblia es la palabra de Dios y Su Palabra, es la misma ayer, hoy y siempre. La Biblia no ha cambiado, es el mismo libro que fue desde el principio. La Biblia es un libro divino inspirada por Dios y escrita por hombres. La Biblia es un libro histórico respaldada por la historia del mundo. César, Herodes y Roma están en la Biblia. Es un registro infalible de eventos reales, en vivo, con gente real. Desde Génesis hasta el Apocalipsis, la Biblia contiene 66 libros. Dios usó a cuarenta personas para escribir los libros. Los escritores iban desde los Reyes (como David) a los pescadores (como Pedro). El lapso de tiempo transcurrido desde el primer libro escrito por Moisés, que es el Génesis, hasta el último libro escrito por Juan el (Apocalipsis) es más de cuatro mil años. Los diferentes escritores de la Biblia, Juan, Pablo, Moisés, Josué, Ruth, por nombrar unos pocos- algunos vivieron más de mil quinientos años de diferencia. Sin embargo, si usted lee la Biblia desde Génesis hasta Apocalipsis, se lee como un gran libro.

    La Biblia ha predicho 668 profecías acerca de los acontecimientos mundiales y cada uno de ellos ha sido cumplido. La Biblia también predice acontecimientos mundiales futuros que pronto ocurirán, algunos de los cuales cubriré en el capítulo

"El último día" Ningún otro libro puede reclamar eso. ¿Por qué? La Biblia no es sólo un libro, es la palabra de Dios escrita por hombres. Porque el mundo de Dios es rápido y poderoso, más afilado que cualquier espada de dos filos, penetrante, incluso a la division del alma y del espíritu, de las articulaciones y la médula ósea y discerniente del pensamiento y las intenciones del corazón. Lo que Dios dice en la Biblia siempre sucede.   La Arqueología, los Pergaminos del Mar Muerto ect. apoyan y confirmar la Biblia. El hecho es y es un hecho que cuando los arqueólogos cavan en un sitio bíblico, sacan la Biblia de manera que puedan saber qué están mirando.

La Biblia cubre más de cuatro mil años de la vida de los hombres y miles de historias de diferentes países, todavía se lee como una historia. De hecho, usted puede comprar la Biblia en forma de libro sin los versos marcados y leer como un libro. Isaías 40: "La hierba se seca, las flores se desvanecen, pero la palabra de nuestro Dios permanecerá para siempre." Esto es verdad hasta el día de hoy. La Biblia es el libro más copiado y reproducido en la historia del mundo. La Biblia es el libro mejor vendido mundialmente. La Biblia ha sobrevivido a través de las guerras, las hambrunas y la Gran Depresión. ¿Por qué? Porque es la palabra de Dios.

Así, la pregunta, el teléfono ayuda a demostrar mi punto. No hay forma de que el hombre podría haber hecho eso. Si el hombre escribió la Biblia, estaría siempre cambiando, al igual que en el juego del teléfono. Pero la Biblia, que abarca más de cuatro mil años desde el Génesis hasta el Apocalipsis, es la misma de ayer, hoy y para siempre, a diferencia del juego telefónico, donde la historia cambia de persona a persona. Todas estas personas diferentes, todos estos diferentes lugares más de 66 libros y 40 autores-todavía se lee como si fuera una sola persona que la escribió. Esa persona es Dios, usando a los hombres para escribir sus palabras. La Biblia está impresa en todos los idiomas y en estilos diferentes, pero todos tienen las mismas palabras que Dios había dicho desde el principio en el Génesis: "En el principio creó Dios los cielos y la tierra" y son las mismas palabras que dijo al final, en el Apocalipsis: "La gracia de nuestro Señor Jesucristo sea con todos vosotros". "Amén".

Pregunta #3:   Si verdaderamente hay un Dios, entonces ¿Por qué permitiría que un demonio hiciera el mal?

El diablo es un ángel caído. El diablo fue creado para adorar a Dios. Él era el líder de los ángeles que adoran a Dios. Dios incluso construiyó instrumentos en su cuerpo. Dios incluso le dio un gran nombre, Lucifer, que significa el portador de la luz. Un día, Lucifer se llenó de orgullo y decidió que no quería adorar a Dios, quiso exaltarse por encima de Dios. Así, Jesús le dio una patada y a los otros ángeles caídos del cielo y los arrojó a la tierra. La buena noticia es que Jesús arrojará al diablo y sus demonios o ángeles caídos en el lago de fuego, donde se quemarán para siempre. Aquí es Isaías 14:12-17:

> ¡Cómo caíste del cielo, oh Lucifer, hijo de la mañana! ¡Cómo eres derribado, lo que hiciste debilitó a las naciones! Porque has dicho en tu corazón: "Subiré al cielo, voy a exaltar mi trono sobre las estrellas de Dios: También me sentaré sobre el monte de la congregación en los lados del norte: Ascenderé sobre las alturas de las Nubes subiré y seré semejante al Altísimo." Sin embargo serás bajado al infierno, a los lados de la fosa.

En Ezequiel 28:13-17, obtenemos una imagen de cómo el diablo era hermoso y por qué fue expulsado de la montaña de Dios:

Has estado en el Edén, en el jardín de Dios: cada piedra preciosa era tu cobertura, el Sardis, el topacio y el diamante, el berilo, el ónice y el jaspe, el zafiro, la esmeralda y el rubí y el oro: la fabricación de tu tabertones y de tus canalizaciones se preparó en ti el día en que fuiste creado. Tú eres el querubín ungido que cubrió; y te he puesto así: Estabas sobre la montaña santa de Dios; Tú has andado hacia arriba y hacia abajo en medio de las piedras de fuego. Fuiste Perfecto en tus caminos desde el día en que fuiste creado, hasta que se encontró la iniquidad en ti. Por la multitud de tus mercancías, han llenado tú mente de violencia y has pecado: por tanto, te arrojaré como un profano de la montaña de Dios y te destruiré, oh querubín protector, de en medio de las piedras de fuego, se enalteció tu corazón a causa de tu hermosura; has corrompido tu sabiduría por la razón de su brillo: Te arrojaré a la tierra; te pondré delante de los reyes, para que te vean. Has profanado tus santuarios por la multitud de tus maldades, por la incertidumbre de tu tráfico; por lo tanto, sacaré fuego en medio de Tí, te devorará y te hare caer cenizas sobre la tierra a la vista de todos los que te contemplan. Todos los que te conocen de entre los pueblos se quedarán atónitos por causa tuya; tú serás un terror y nunca deberá ser más tú.

Como ven ustedes, el diablo era un ángel muy hermoso que Dios creó. Dios le hizo a su líder de adoración. Pero él dejó que su belleza y brillo llegar a él. En lugar de ser siempre humilde y agradecido a Jesús por crearle de este modo, él dejó su corazón llenarse de orgullo debido a su belleza y grandeza. Entonces el diablo se volvió hacia Dios, para queDios lo destruya.

> Pregunta #4: Existen muchos mitos en la escrita cuando el hombre no podía comprender las respuestas a las cosas. ¿Podría la historia de Adán y Eva de la Biblia posiblemente ser un mito?

En primer lugar, voy a dejar que Dios conteste esta pregunta y a continuación, voy a hacer un comentario o dos. No es que Dios me necesita para decir nada. Tommy me hizo la pregunta y prometí que le iba a contestar. Aquí está lo que Dios dijo:

> Y dijo Dios: "Hagamos al hombre a nuestra imagen y a nuestra semejanza y tenga potestad sobre los peces del mar, sobre las aves de los

cielos y en toda la tierra y en todo animal que se arrastra sobre la tierra". Y creó Dios al hombre a imagen suya, a imagen de Dios lo creó: varón y hembra los creó. Y los bendijo Dios y les dijo: "Fructificad y multiplicaos y llenad la tierra y sometedla; y tener dominio sobre los peces del mar y en las aves de los cielos y en todas las bestias que se mueven sobre la tierra" (Gén. 1:26-28).

Aquí es cómo Dios lo hizo:

Y el Señor Dios formó al hombre del polvo de la tierra y sopló en su nariz aliento de vida, y resultó el hombre un alma viviente. (Gén. 2:7).

Y Jehová Dios hizo caer sueño profundo sobre Adán y se durmió; y él tomó una de sus costillas y cerró la carne en lugar de éste; y de la costilla que el Señor Dios había tomado del hombre, hizo una mujer y la trajo al varón. Y Adán dijo, "Esto es ahora hueso de mis huesos y carne de mi carne; esta será llamada mujer, porque del varón ha sido tomada. Por tanto, dejará el hombre á su padre y á su madre y se unirá á su esposa y serán una sola carne" (Gén. 2:21-24).

Bien, ahora mi turno. Para ser honesto, ¿Qué es lo que queda por decir? Dios lo dice todo. Pero aquí está mi respuesta. Número uno, Dios lo dijo. Número dos, Dios lo dijo. Número tres, Dios lo dijo. Número cuatro, Adán y Eva fueron los primeros dos seres humanos jamás creados y son un hecho histórico. Usted puede ver esto en cualquiera de los libros de referencia, como diccionarios, enciclopedias y así sucesivamente. Esas personas, Adán y Eva son el padre y la madre de todos nosotros. Cada ser humano provino de Adán y Eva de ser fructíferos y multiplicarse. Gente, piénselo, lo que Dios dijo es lo único que tiene sentido. Somos la prueba viviente. La única manera que usted o yo entramos en este mundo fue a través de nuestra Mamá y Papá. EL espermatozoide masculiono fertiliza el óvulo femenino y a continuación, nueve meses más tarde, mamá tiene un bebé. Si pudiera seguir el árbol genealógico de cada ser humano todo el camino de vuelta, conduce a Adán y Eva.

Porque no quieren creerle a Dios, a los hombres se les ocurió todo tipo de teorías que no tiene ningún sentido. ¿Venimos de simios? Esta es la más estúpida de todas. Por lo que sólo puede reproducir los simios antropoides. Gastamos millones de dólares cada año buscando el eslabón perdido cuando una Biblia de diez dolares tiene la respuesta. Todos los animales que Dios creó sólo reproduce el mismo tipo de animal. Así es como Dios los creó y de esa forma ha sido desde el día que Dios lo hizo. Un simio no puede incluso tener un bebé chimpancé, así que ¿Cómo podemos creer que el hombre viene de los simios? Vamos, ahora piénselo. ¿Qué pasa con los monos en el zoológico? ¿Decidieron "Nah, somos geniales?. ¿Solo seremos monos"? ¿Quién necesita las supermodelos y su propio automóvil? Los seres humanos no son animales. Los seres humanos son hombres y mujeres y niños creados a imagen de Dios. A imagen de Dios lo creó. Varón y hembra los creó. Una cabra embarazada tiene una cabra bebé. Un vaca tiene un bebe ternero. Un caballo tiene un bebé caballo. Un hombre hace el amor con su esposa y nueve meses más tarde, ella tiene un bebé humano, igual que el designio de Dios. Por lo tanto, para responder a su pregunta, Tommy, Adán y Eva fueron personas reales y el padre y madre de todos nosotros. ¿Por el camino, qué fue primero, el huevo o la gallina? El pollo llegó primero, tal como Dios lo creó. El gallo y la gallina hicieron el amor y la gallina puso el huevo. El huevo eclosionó un polluelo bebé, quizás en el sol. ¡Y esa chica era otra gallina, no una chica caliente!

Pregunta #5:   Si en verdad la Biblia es el libro de todos los libros, entonces, ¿Por qué hay tantas formas de la Biblia y tantas distintas creencias y religiones?

Nuevamente, Tommy me ha ayudado a responder la pregunta. La razón por la que existen tantas formas de la Biblia, porque la Biblia, Cito, "El libro de los libros." La Biblia es la única verdadera y auténtica Palabra de Dios. El verdadero ceyente quiere y estudia la Biblia, que es la Santa palabra de Dios. Piense en ello como las cartas de amor de Dios para usted. Hay todo tipo de personas en el mundo de hoy, Indio, Chino, Español, Francés, Alemán, Irlandés, por nombrar sólo unos pocos. Ahora, piense en todos los diferentes tipos de personas en este mundo. Como puede ver, los hombres y mujeres de Dios vienen en todas las formas y colores. Algunos hablan inglés; algunos no lo hacen. Cada uno de estos países tiene su propia palabra de Dios en su propia lengua. Luego hay diferentes estilos de biblias. El Rey James, la traducción viviente, la nueva Internacional, el nuevo rey James (no LeBron James), para nombrar unos pocos. Hay diferentes tipos de aplicaciones de Biblias, nuevo creyente la Biblia, concordancia Bíblica, Español a Inglés, Inglés a Ruso, Griego al Arabe, para nombrar unos pocos. Luego hay Biblias electrónicas en línea, biblias, DVDs, flash-drive-Biblias y podría seguir. Pero usted consigue el punto hay muchas personas diferentes con necesidades diferentes y es por eso que hay tantas Biblias.

En cuanto a las religiones y creencias, las personas cometen hoy el mismo error que Adán y Eva. Ellos no quieren obedecer a Dios, de modo que lo componen a su modo. Ellos no quieren obedecer el libro sagrado, la Biblia, por lo que se conforman con sus propias cosas. Peor aún, algunos saben que la Biblia es la única Palabra de Dios, pero ellos obedecen sólo una parte de la Biblia. Jesús vino y dio su vida por los pecados del mundo. Él es el camino, la verdad y la vida. Él quiere ser y merece ser el Señor de su vida. Él dio su vida por usted, como usted bien sabe si esta lejos en este libro. Pero, por desgracia, las personas quieren tener a Dios sin Jesús o Dios en sus propios términos. Jesús nos desafía a vivir en forma justa y amar a las personas, no importa qué:

> Bienaventurados los pobres de espíritu, porque de ellos es el reino de los Cielos.
> Bienaventurados los que lloran, porque ellos serán consolados. Bienaventurados los mansos, porque ellos heredarán la tierra.

Bienaventurados los que tienen hambre y sed de justicia, porque ellos serán saciados. Bienaventurados los misericordiosos, porque ellos alcanzarán misericordia. Bienaventurados los limpios de corazón, porque ellos verán a Dios. Bienaventurados los pacíficos, porque ellos serán llamados hijos de Dios. Bienaventurados los perseguidos por causa de la justicia: porque de ellos es el reino de los Cielos. Dichosos vosotros, cuando los hombres os despresian y persigan y digan toda clase de mal contra vosotros falsamente, por causa de mi nombre. Gozaos y alegraos, porque vuestro galardón es grande en el cielo; porque así persiguieron a los profetas que fueron antes que vosotros. (Mateo 5:3-11).

Algunas personas simplemente no quieren obedecer a la Santa Biblia, la santa palabra de Dios, por lo que conforman su propio libro y lo llaman la santa palabra de Dios. Algunos dicen que los ángeles les dijeron que esta es la nueva forma. Alguno solo escribió una novela de ciencia ficción e hizo su propia religión. Algunas personas, como su padre el diablo, piensan que son más inteligentes que Dios. Intentaron supercar a Dios y mezclando las palabras de Jesús a sus propias normas y reglamentos. Aquí está la respuesta de Dios a la pregunta sobre las distintas creencias y religiones. Tiendo a ser largas en las respuestas; Jesús tiende a ir directamente al corazón de la materia. Aquí está la respuesta de Dios:

> Estoy maravillado de que tan pronto alejado del que os llamó por la gracia de Cristo, á otro evangelio: no que hay otro, sino que hay algunos que os perturban y quieren pervertir el evangelio de Cristo. Pero si nosotros, o un ángel del cielo, os predicaran cualquier otro evangelio diferente al que os hemos predicado, sea maldito. Como hemos dicho antes, lo digo ahora: si cualquier hombre predica cualquier otro evangelio á vosotros que habéis recibido, sea maldito.

Esa respuesta vino de Dios. Él sabía que el hombre podría intentar hacer su propia cosa antes de que hemos sido creados. Que la respuesta está en la santa palabra de Dios, la Biblia, de Gálatas 1:6-9. ¡La respuesta, mi amigo, no está soplando en el viento, la respuesta está en la palabra de Dios!

Pregunta #6:   Si Jesucristo vino a la tierra como el ijo del Señor, entonces ¿Por qué no enviarlo de vuelta en este momento real para hacer creer a la gente?

Primero que todo, todos sabemos que el Señor y Jesús son la misma persona. Pero, una vez más, defender a Tommy, el hizo estas preguntas hace años, antes de que este libro fue escrito, cuando este libro fue sólo un pensamiento. Usuarios que han leído la Biblia o este libro hasta este punto sabemos que el Señor es misericordioso y lleno de compasión. Él es lento para la ira y grande en misericordia. Bueno es Jehová para con todos y Su misericordia sobre todas sus obras. El Señor no retracta su promesa de regresar, como algunos hombres cuentan, pero él tiene un largo sufrimiento para con nosotros, no queriendo que ninguno perezca, sino que todos procedan al arrepentimiento. El Señor Jesús está intentando esperar para que cada alma venga al arrepentimiento y acudan a él. Mire cuánto los ama, incluso después de la cruz, Él todavía está dando al hombre una última oportunidad. Él está usando todo para intentar llegar a la humanidad antes de que regrese a destruir este mundo y aquellos que no creen.

Él escribió la Biblia y envió a predicadores, maestros, profetas y monjas. Si no van a estudiar su Biblia, voy a tratar de llegar a ellos en un libro. Si no se puede leer un libro, voy a utilizar la Internet. Si ellos no tienen computadoras, voy a nombrar a personas, lugares y cosas aquí en la tierra después de personas, lugares y cosas en mi santa palabra y cielo- Saint Mark's Place, Saint John's Place, Holy Cross High School, la Escuela Secundaria Cristo Rey, el Calvario cementerio. Su nombre será John; voy a dar el nombre de María. Tengo dos amigos que viven al otro lado de mi calle. Ellos son de África. ¿Saben cuáles son sus nombres? Sus nombres son María y José. Estas no son afroamericanos como yo. Son africanos que vivían en África y llegaron a América. Pero ellos fueron nombrados después de la madre María y José de la Biblia.

El Señor Jesús está esperando tanto tiempo como pueda por una última alma. No se deje engañar: ¡Hoy es el día de salvación! Usted podría ser la persona que está esperando. ¡El Señor Jesús no esperará para siempre! Pero el día del Señor vendrá como ladrón en la noche. Los cielos desaparecerán con un estruendo, los elementos serán destruidos por el fuego y la tierra y todo cuanto hay en ella quedarán al descubierto. Ya que todo será destruido de esa manera, ¿Qué clase de persona debería usted ser? Usted debe vivir santa y piadosamente como la vida que esperamos el día de Dios y acelerar su venida. Ese día traerá sobre la destrucción de los cielos por el fuego y los elementos se derretirán con el calor. Pero cumpliendo con su promesa, aguardamos con interés el nuevo cielo y la nueva tierra, la casa de justicia.

Pregunta #7: Siempre me gusta guardar lo mejor para lo último, así que aquí va. Hace muchos años, cuando las personas no tienían ningún tipo de evidencia científica para responder a las preguntas que tenían, crearon mitos para responder a estas preguntas e incluso "Para consolarlas" (esto es cierto). Ahora, cuando se sabe esto, cuando las personas se murieron en frente de otras personas, debe haber sido un gran caos-personas llorando y preguntándose ¿Por qué sus seres queridos habían desaparecido? no entender que la vida llega a su fin, al igual que una pieza antigua de un vehículo que requiere la sustitución. ¿Cómo podemos saber que un viejo judío sabio no decidó empezar a escribir toda la Biblia para consolar a todas estas personas, de manera que no tuvieran miedo de morir?

Así, Tommy, de nuevo me has bendecido por ayudarme con la respuesta. Un hombre judío antiguo sabio *escribió* la Biblia. Una de las razones por las que el viejo hombre judío escribió la Biblia era tomar el temor de la muerte y consuelo a aquellos que dejaron atrás. Y él es bastante antiguo. El hombre, el Señor me perdone, es más antiguo que la suciedad. Él es el gran YO SOY. Era, él es y él va a venir. En el principio era el Verbo y el Verbo era con Dios y el Verbo era Dios. Él estaba en el principio con Dios. Todas las cosas por él fueron hechas y sin él nada de lo que ha sido hecho, fue hecho. En él estaba la vida y la vida era la luz de los hombres. Él es la imagen del Dios invisible, el primogénito de toda creación. Porque en él fueron creadas todas las cosas: las cosas en el cielo y en la tierra, visibles e invisibles; sean tronos, sean poderes o gobernantes o autoridades. Todas las cosas fueron creadas por él y para él. Él es antes de todas las cosas y en él, todas las cosas se mantengan juntos. Porque a Dios le agradó que toda su plenitud moren en él. El escritor de la Biblia es Dios y el Judío. Él es el Señor Jesús el Cristo.

Pregunta #8: Si Dios ama a las personas ¿Por qué está enviando algunos de ellos al infierno?

El infierno no fue hecho para nosotros. ¡Es cierto! El infierno no fue hecho para cualquier ser humano. El infierno fue hecho para el diablo y sus demonios. Ningún ser humano debe querer ir al infierno, ni *deben* ir al infierno. Dios no envía a nadie al infierno. *Decidimos* ir. Es nuestra elección. Cada día es el Día del Padre. Usted puede elegir a Dios para ser su padre y cuando termina su vida aquí en la tierra, va a vivir con Dios el Padre para siempre. O puede elegir al diablo para ser su padre y cuando salga de esta tierra, que van a sufrir con el diablo en tormentos para siempre. Elegir a Jesús, quien pagó por sus pecados, para ser su padre y vivir para siempre. O puede elegir el diablo para ser su padre, pagar por sus propios pecados y arder con el diablo para siempre. Si usted todavía no está seguro acerca de qué padre debe elegir, por favor lea este libro de nuevo. Pero no se equivoquen-Dios no envía a las personas al infierno. Deciden ir. Elegir a Jesús y vivir para siempre. No hacer nada y se queman para siempre. Es su elección.

Pregunta #9:   Si Dios es bueno ¿por qué los niños pequeños y las buenas personas se enferman, sufren y mueren?

Dios *es* bueno y él nunca tuvo la intención de que el hombre se enferme y muera. Cuando Dios hizo este mundo, bendijo este mundo. El mundo era perfecto, sin la enfermedad o la muerte. El hombre tenía la misma opción que él tiene hoy. Confiar y obedecer a Dios y vivir para siempre. El hombre trajo la enfermedad y la muerte en este mundo cuando él escogió desobedecer a Dios. Lo asombroso es que Dios nos advirtió que esto sucedería. Génesis 2:16-17 dice: "Y Jehová Dios mandó al hombre, eres libre para comer de todo árbol del jardín; pero no debes comer del árbol del conocimiento del bien y del mal, para cuando comas, seguramente vas a morir".

Lamentablemente, el hombre no escuchó; por lo tanto, nuestro pecado trajo la enfermedad y la muerte a este mundo. Como resultado, las personas se enferman, se mueren, y salen de este mundo. Pero doy gracias a Dios que el cielo es un lugar real, porque cuando un niño se marcha de aquí, él o ella va a Jesús y vive para siempre. Cada uno de aquellos niños que fueron fusilados en el tiroteo en la escuela Sandy Hook en Ciudad Nueva, Connecticut, pasó a estar con Jesús y están vivos ahora mismoen este momento mientras estás leyendo este libro. ¡Cada uno de esos maestros que imitaba a nuestro Señor Jesús dando su vida tratando de salvar a los niños están en el cielo con Dios hoy vivos! ¡Este último acto de bondad, tratando de salvar a sus pequeños de los actos del diablo, fue suficiente para ser considerados como justicia!

Salmos 116:15: "precioso a los ojos del Señor es la muerte de sus santos".

Isaías 57:1: "El justo perece y nadie medita en su corazón; hombres piadosos se llevaron y nadie entiende que los justos son llevadas para ser librado del mal".

¡Y les vamos a ver de nuevo!

Pregunta #10: ¿Por qué un Dios bueno y bondadoso crearía el infierno?

Dios no creó el infierno para las personas. Él creó el infierno para castigar al diablo y sus ángeles. Pero algunas personas optan por ir al infierno. Piensen en esto: si no hubiera infierno, el diablo y su gente se saldrían con la suya. Podrían hacer todo el mal que quisieran y luego suicidarse y eso sería todo. ¡Pero la verdad es que último aliento de una persona malvada en la tierra es su póximo aliento en el infierno, vivir en medio de tormentos para siempre! ¡Hitler, terroristas, ect. y todos, como el hombre rico, están en el infierno hoy en medio de los tormentos, esperando para lo peor, el lago de fuego! Una de las cosas más estúpida que he escuchado a una persona decir fue, "No me importa si puedo ir al cielo o al infierno". "Tengo amigos en ambos." Bueno, gente, sería mejor tener cuidado, porque así como el cielo es un lugar real, el infierno es un lugar real. Pero el infierno no fue creado para nosotros. Aquí están las palabras de Jesús en Mateo 25:41: "Entonces él dijo á ellos también sobre la mano izquierda" "Aléjate de mí para vosotros, malditos, al fuego eterno, preparado para el diablo y sus ángeles".

Pregunta #11: ¿Qué hay de aquellos que han fallecido y nunca habían oído hablar de Jesús? ¿Están en el infierno?

Dios es un Dios justo y amoroso. Jesús pagó el precio por los pecados de todo el mundo de una vez por todas. Si una persona muere sin saber acerca de

Jesús, Dios lo tendrá en cuenta. Pero nadie que termina en el infierno será capaz de decir que Dios es injusto. Por el momento la gente termina en el infierno, ellos no tienen a nadie que culpar sino a ellos mismos y ellos lo saben. La ira de Dios se revela desde el cielo contra toda impiedad e injusticia de los hombres que suprimen la verdad en injusticia, porque lo que de Dios se conoce les es revelado por Dios, revelado a ellos. Para las cosas invisibles de él desde la creación del mundo se ven claramente, siendo entendidas por medio de las cosas hechas, Su eterno poder y deidad, de modo que no tienen excusa.

Pregunta #12: ¿Es cierto que cuando usted muere, usted duerme o descansa en la tumba hasta el día del juicio?

No, no podrá dormir o descansar en su tumba. Como he señalado en algunos capítulos anteriores, su último aliento sobre la tierra es su próximo aliento en el cielo vivo. Una de las razones principales por las que el Señor me ha hecho escribir este libro es disipar este mito. He ido a muchos entierros en el cual el pastor dice, "Oh, Fulano está en un lugar mejor", pero entonces no describen el lugar. A muchas personasse les dice que cuando otros mueren, están durmiendo y descansando, que es la razón por la que los niños e incluso algunos adultos tienen miedo de ir a la cama después de un funeral. Sin embargo el Señor ordenó que este libro se escribiera para que ahora sepan dónde están. ¡Ahora usted sabe con certeza que están en un lugar mucho mejor que lo que te puedas imaginar! Ahora será capaz de describirle a sus hijos el "mejor lugar." ¡Se puede decir que están en la nueva Jerusalén en el cielo vivo! Puede decirles que Jesús está vivo! ¡Las personas con él están vivos! ¡Él es el Dios y Señor de la vida! ¡Seguro que el cielo es un lugar real!

"Estar ausentes del cuerpo es estar presentes con el Señor."

    5:8 Corinthains

"Está decretado que los hombres mueran una sola vez y después de esto el juicio"   (Hebreos 9:27

"Así también Cristo fue ofrecido una vez para llevar los pecados de muchos y aparecerá una segunda vez, no para llevarse los pecado, sino para traer la salvación a aquellos que están esperando por él. Ahora, pues, ninguna condenación hay para los que están en Cristo Jesús, los que no andan conforme á la carne, sino conforme al Espíritu." (Hebreos 9:28) Romanos 8:1.

    En Juan 5:24, Jesús dijo, "De cierto, de cierto os digo: El que oye mi palabra y cree al que me envió, tiene vida eterna; y no vendrá a condenación, pero se pasa de la muerte a la vida".

Capítulo 8
El último día

El último día. Este es un capítulo que no me interesaba escribir en lo absoluto. En realidad he luchado para escribirlo, porque para ser honesto con ustedes, nunca me importó, ni me preocupé e incluso ni piensó en el último día. Como cristiano, no planeo estar aquí durante la era de la tribulación. En el último día, o debo decir el final de este mundo, voy a estar con el resto de la familia. Verán, estaré vivo con Jesús en el cielo para siempre y usted también debería estar.

A lo largo de toda la Biblia, cuando Dios juzgó a las naciones, sacó a su pueblo fuera del peligro. Por ejemplo, en Génesis 19:22, Los Ángeles les dijeron a Lot que abeben abandonar la ciudad de Sodoma, porque no podían destruirla hasta que Lot se marchara con su familia. De hecho, si regresamos a Génesis 18:23, Abraham, mientras oraba por Sodoma, le preguntó al Señor: "¿Vas a destruir a los justos con el impíos?" Cuando digo Abraham estaba orando, en realidad estaba hablando a Dios cara a cara. Recuerde, el Señor y dos ángeles aparecieron a Abraham para decirle la gran noticia de que Sarah estaría embarazada. Como dije anteriormente en el libro, cenaron. Usted debería leer todo el Génesis 18.

De todos modos, antes de que el Señor se fuera para regresar al cielo, le dijo a Abraham que iba a destruir Sodoma y Gomorra. La razón por la que estoy señalando esto es que cuando oramos, en realidad estamos hablando con Dios. Donde Dios, el Señor Jesús, estaba con Abraham en la carne, Él está aquí con nosotros por Su Espíritu Santo. El Espíritu Santo está con usted todo el tiempo, él lo ve todo, lo sabe todo y oye cada una de sus palabras. Él escucha sus oraciones. ¡Y él hablará con usted! Puede razonar con Dios. Fue Dios quien dijo, "venid ahora y razonemos juntos; aunque sus pecados sean como escarlata, serán tan blancos como la nieve".

Veamoslo en Génesis 18:24:

"Quizás haya cincuenta justos dentro de la ciudad; ¿Destruirás también y no escatimarás el lugar para los cincuenta justos que hay dentro de él? Que esté lejos de allí para hacer de esta manera, para matar al justo con el impío; que los justos sean como los impíos. Que esté lejos de ti; ¿Acaso el juez de toda la tierra no hará lo correcto?" Y el Señor dijo, "Si encuentro cincuenta justos dentro de la ciudad, entonces perdonaré todo el lugar por amor a ellos." (Gén. 18:24-26)

Si continúan leyendo Génesis 18 hasta el versículo 32, Abraham fue capaz de negociar con el Señor hasta el punto de que el Señor le prometió a Abraham que no destruiría la ciudad si encontraba diez justos dentro de ella. Pero para mí la cosa más poderosa sobre todo de esta escritura es que si el Señor hubiera encontrado sólo diez justos, habría salvado Sodoma. Tome un segundo y piense que Dios iba a perdonar a la muy perversa ciudad de Sodoma si solo encontraba diez justos. Eso demuestra que la bendición y la seguridad del Señor siguen a los justos. Pero, tristemente, Dios no pudo encontrar diez personas que eran justas. Ahora, eso no quiere decir mucho para la familia de Lot. Quiero decir, si usted hace las matemáticas no debía de haber menos de diez personas piadosas en su familia solo, porque Dios destruyó a Sodoma y Gomorra. Y sabemos que su esposa no era una de los justos, porque ella miró atrás y se convirtió en un pilar de sal. Lo siento mucho hermano.

Veamos otro ejemplo donde Dios perdonó al justo antes de la destrucción. Si usted lee Génesis 6-9, vemos que Dios perdonó a Noé y su familia antes de que él destruyó a todo ser viviente sobre la tierra la primera vez. Estoy seguro que todos ustedes conocen la historia del arca de Noé. El arca de Noé no era simplemente una historia fue un acontecimiento que sucedió realmente, al igual que los huracanes Sandy y Katrina -sólo mil veces peor. De hecho, la razón por la que vemos un arcoiris hoy es para recordarnos que Dios nunca va a destruir la tierra con agua de nuevo. Cada vez que vemos un arcoiris, no es solo un recordatorio constante de la promesa de Dios para nosotros, sino también un recordatorio de que él se cansó del mal. Cuando Dios finalmente tuvo suficiente de la maldad del hombre, destruyó todo lo que se mueve, excepto el justo Noé, su familia y todos los animales en el arca.

Ahora, que nos trae hoy el último día. De nuevo, trataré de hacer lo mejor para darle un aviso en los tiempos finales. Como he dicho, no es mi mejor tema. A través de todos mis años de estudio de la Biblia, me centré en cosas que están arriba: Jesús, el Cielo y cómo conseguir que usted y yo entremos al Cielo. Lo diré otra vez: cuando las cosas terribles que están a punto de suceder, no estaré aquí! Tampoco Usted estará, si prestó atención y le entregó su vida al Señor. El Señor ha puesto todo su empeño en discutir este tema, lo ha puesto en mi corazón como un último intento para salvar almas, porque algunos de ustedes todavía leyendo hasta este punto no han puesto su fe y confianza en el Señor Jesucristo. Sorprendentemente, todavía está reteniendo su corzón de aquel que te ama tanto. Incluso a sabiendas de las glorias del Cielo y con el amor de Dios ahora revelado claramente, sigue diciendose a sí mismo: "No es para mí." Algunos de ustedes todavía piensan, "No estoy listo todavía; me prepararé algún día" aún mejor, algunos siguen pensando, "¿Salvarme de qué?" y algunos de nosotros, aunque vemos que los tiempos se están volviendo más y más malos, todavía pensamos que las cosas serán mejores.

Pero he aquí una prueba sencilla: pregúntese, "¿Las cosas han mejorado desde que era un niño?" Las personas empujadas a las vías del tren por ninguna razón. Tiros después de tiros-Columbine; Sandy Hook; Aurora, Munich, Niza (84 muertos); Orlando (49 muertos). Guerras y rumores de guerra. Meteoritos Golpean (Rusia el 15 de febrero de 2013). Algunos de nosotros nos preguntamos ¿cuándo volverá Jesús? Debido a estas preguntas, el Señor quiere que toque estos eventos en el tiempo. ¡De esta manera, cuando estas cosas ocurran, no podrá estar aquí! Si está aquí, usted será capaz de señalar a este libro o, lo que es más importante, sacará su

Biblia y entenderá lo que está pasando. Pero mi mayor deseo es que usted no esté aquí durante los malos tiempos que están por venir. El mal de hoy es sólo una advertencia de lo que está por venir. Los discípulos tuvieron las mismas preguntas que hacemos hoy. La respuesta que Jesús les dio a los discípulos. Es La misma respuesta para nosotros hoy. Algunas de las cosas que Jesús decía ya han sucedido. Por ejemplo, el templo del que estaban hablando fue destruido en el año 70 d.c. Algunas de las cosas de las que habló Jesús, como las Naciones que se levantan contra las Naciones y el amor que se enfría, están sucediendo hoy. ¡Pero la gran tribulación que está por venir y que será mucho peor que cualquier cosa que haya sucedido alguna vez, todavía no ha ocurrido. ¡Pero sucederá, tal como Jesús dijo!

    Muchos se salvarán durante ese tiempo. Pero, eso es porque hanbrán entendido el Evangelio por primera vez durante ese tiempo y se habrán salvado. Pero nosotros, quienes hemos confiado en el Señor,nos habremos ido hace mucho tiempo antes de que ocurra cualquiera de las siguientes cosas. Dios raptará a su iglesia (o, en otras palabras, nos llevará al cielo) y luego, permitirá que todo lo que está a punto de leer tenga lugar. Al igual que hizo con la familia de Noé y de Lot, el Señor Jesús sacará a su familia fuera de esta tierra antes de que la destruya. Como verá, usted no quiere estar aquí durante el tiempos del mal que están por venir.

Una última cosa antes de que el Creador Mismo le conteste: si usted escuchó el Evangelio y lo rechazó y Dios rapta la Iglesia hoy y usted está atrapado aquí durante el período de la tribulación, ya es demasiado tarde para usted. Usted no será capaz de confiar en el Señor. Si se dices a ti mismo, "ME SALVARÉ durante la tribulación", sepa que usted no lo hará. Al no confiar en Dios, ha endurecido su corazón. Durante la tribulación, habrá tanta confusión que usted va a poner su confianza en el falso Cristo. Si usted lee su Biblia, lee este libro, fue a la iglesia y así sucesivamente, pero aún así dice no, cuando nosotros nos hayamos ido, usted estará tan confundido que creerá la mentira.

Aquí es 2 Tesalonicenses 2:8-12:

> Y entonces se revelará el malvado, a quien el Señor consumirá con el espíritu de su boca y destruirá con el resplandor de su venida. Incluso, aquel cuya venida es después de la obra de Satanás con todo poder y señales y maravillas mentirosas y con toda la falsedad de la injusticia

y en aquellos que perecen por cuanto no recibieron el amor de la verdad para que ellos pudieran ser salvos. Y por esta causa, Dios les envirá un fuerte engaño para que crean en la mentira, a fin de que sean condenados todos los que no creyeron en la verdad, pero se complacieron en la injusticia.

¡Alto ahí! ¿Ve esa parte que dice que Dios enviará un engaño fuerte? Quiero que piensen en eso. El Anticristo será capaz de realizar todo tipo de mentiras, falsas señales de resurrección de los muertos, pidiendo fuego del cielo, la lluvia de un cielo claro. Él dirá, "Yo soy Jesús" y serán muchos los que créan en él. Y si sigue aquí, usted le va a creer demasiado. Dios se asegurará de eso, porque no querías creerle ahora, mientras tienes una oportunidad.

Por tanto, he aquí una última oportunidad para creer. Aquí en Mateo 24, o como yo lo llamo, el retorno del Rey Verdadero. Empecemos en el versículo 1 y avancemos en el resto del capítulo. Voy a comentar de vez en cuando.

Y como Jesús salió y partió desde el templo, llegaron sus discípulos, para mostrarle los edificios del templo. Y Jesús les dijo: "¿Vosotros no veis todas estas cosas? De cierto os digo, que no quedará aquí piedra sobre piedra que no sea derribada". Y estando él sentado en el Monte de los Olivos, los discípulos se le acercaron aparte, diciendo: Dinos ¿Cuándo serán estas cosas? Y ¿Cuál será la señal de tu venida y del fin del mundo?" Y respondiendo Jesús, les dijo: "Mirad que nadie os engañe, porque vendrán muchos en mi nombre, diciendo: "Yo soy el Cristo" y engañarán a muchos. Y oiréis de guerras y rumores de guerras; vea que no te turbes, porque todas estas cosas deben venir a pasar, pero aún no es el fin. Porque se levantará nación contra nación y reino contra reino; y habrá pestes y hambres y terremotos en diferentes lugares. Y todo esto será principio de dolores de parto." (Mat. 24:1-8)

Bueno, miren hacia mí por un segundo. Lo siento, me olvidé de que estamos leyendo un libro y no estoy predicando un sermón. Hay muchas cosas en estos pocos versos. ¿Recuerda que dije que Jesús hablará acerca de las cosas que sucedierón y las que sucederán? Les dijo a los discípulos que el templo sería destruido y no quedaría piedra una encima de otra y eso ocurrió en el año 70 d.c.. Cuarenta años después de que Jesús dijo estas palabras, los

Romanos llegaron a Jerusalén y destruyeron el templo.

A continuación, Jesús habla de cosas que nos afectan hoy. Algo de esto estaba sucediendo en su día, pero ahora prevalece más. Pero Él quería asegurarse de que puedan ver claramente las señales de Su venida para que no les engañen. Bien, echemos un vistazo de cerca a lo que el Señor dice. Lo primero es que él le advierte sobre el falso Cristo llamado el Anticristo. Hay un tipo de Anticristo que ejecuta un culto en México. El nombre de la secta es Defensores de Cristo, que significa Defenders of Christ. El culto está ejecutando un anillo de esclavitud sexual. La cabeza del culto tenía el descaro de decir que él era Jesucristo reencarnado. Y obligaría a las mujeres jóvenes a consagrarse a él. ¡Y no necesito decir nada más sobre este mal! Esta fue una de mis dificultades con la redacción de este capítulo. Si yo iba a hablar acerca de los signos de los tiempos, lamentablemente tendría que poner cosas malas como esta en el libro. He de advertir que, como hizo Jesús acerca del falso Cristo. De este modo, cuando el verdadero Jesús venga, sabrá de él.

Ahora, este chico no era el anticristo que está por venir, pero sólo una pequeña muestra de lo malvado que será el anticristo. Entonces Jesús va a decir que usted oirá de guerras y rumores de guerras. Además, las naciones se levantarán contra naciones. De nuevo, lo que está sucediendo hoy. Israel está a punto de bombardear Irán a causa de las armas de destrucción en masa. ¿Le suena familiar? Los Estados Unidos todavía está en Afganistán. Acabamos de terminar los combates con el Iraq a causa de las armas de destrucción en masa. Egipto está en agitación. Libia está en agitación. Los franceses están bombardeando Malí incluso mientras hablamos. Israel acaba de bombardear objetivos en Siria. Ahora Corea del Norte tiene armas nucleares y la amenaza de utilizarlas en Corea del Sur y Estados Unidos. Y sólo el Señor sabe lo que planea Rusia.

Usted ve, todas estas cosas son signos reales de que el final está cerca. Jesús dijo: "habrá hambrunas, pestilencia y terremotos en diferentes lugares." Esta ha sido una semana interesante para mí. Como he venido diciendo, no soy una autoridad en la profecía bíblica. Soy más bien un chico del cielo y un chico que viene a Jesús. Pero mientras me preparaba para escribir esta parte del libro, el Señor me tenía en Internet, mirando las noticias, leyendo, buscando diferentes cosas para demostrar que sus palabras se están haciendo realidad. Las hambrunas, todos lo sabemos; vemos lo que está pasando en la India. Incluso aquí en los Estados Unidos, hay personas hambrientas y sin hogar. En todo Estados Unidos, usted puede ver las largas líneas de personas buscando alimentos y las personas que viven en las calles.

Mire lo que Jesús dijo acerca de los terremotos en diversos lugares. Voy a citar unos pocos. Como he dicho anteriormente en este libro, el terremoto en Japón, que golpeó todas las plantas nucleares y provocó el tsunami, es un signo de los tiempos finales. El terremoto en Haití, un signo de los tiempos finales. Incluso tuvimos un terremoto en Nueva York. No uno grande, o algo así, pero piénselo. ¿Un terremoto en La Ciudad de Nueva York? ¿En verdad? El 30 de enero de 2013, un terremoto de magnitud 6,7 golpea el norte de Chile. El 2 de febrero de 2013, un terremoto de magnitud 6,7 golpea Japón. El 9 de febrero de 2013 un terremoto de magnitud 6,9 golpea Colombia. ¿No es esto lo que dice Jesús-"terremotos en diferentes lugares"? Claramente lo que Jesús dijo está sucediendo. También observe la frecuencia: estos tres últimos ocurrieron dentro de dos semanas uno del otro. Ahora, algunos podrían decir que este es un alcance. ¿Se notó que los tres comienzan con el número 6? Chile, Japón, 6,7; 6,7; y Colombia, 6.9? ¿En otras palabras, 666 suena familiar?

Eche un vistazo al Huracán Sandy cuando llegó a Nueva York. Era algo que nunca había ocurrido antes. Lo llamaron "la tormenta perfecta". El camino fue establecido; nunca lo olvidaremos. Luna llena, marea alta, un huracán que se une con un nor'oeste. Y todos estos son el principio de los dolores de parto. Mientras escribo este libro, aquí hay algunas más cosas. China acaba con 70 personas en las protestas en el Tíbet. Las fuerzas israelíes acaban de romper el campamento Palestino. El 19 de febrero de 2013, un terremoto de magnitud 4.9 acaba de llegar a China. Les estoy dando fechas, sabiendo que para cuando se publique este libro, las cosas se habrán empeorado. Todo para que puedas leer y creer. ¿Recuerda el 11 de septiembre?

Estos son el comienzo de los dolores. Jesús usa la palabra griega *Odin* (pronunciado *oh-Deen*), que significa "dolor como en la maternidad", traducido a " dolor de parto." Esto es importante, porque cuando los dolores de parto de una mujer aparecen y desaparecen, se llaman de Braxton Hicks o dolores de parto falso. Pero cuando el dolor se hace más y más fuerte, se vuelve más frecuente y no desaparecen, usted está en trabajo de parto. ¡El bebé está llegando y es el momento de ir al hospital. Este es el punto del mundo en que vivimos. Hoy: hemos pasado los días de Braxton Hicks. ¡Estas no son falsas señales; este mundo está en mano de obra y pronto será destruido!

Bien, volvamos a lo que Jesús dijo, comenzando en Mateo 24:9:

> Luego les entregarán para ser afligidos y les matarán y sereis aborrecidos de todas las naciones por mi nombre. Y Entonces muchos se ofenderán y se traicionrán unos a otros y se odirán unos a otros y muchos falsos profetas se levantarán y engañarán a muchos. Y debido a que la iniquidad abundará, el amor de muchos se enfriará. Pero el que persevere hasta el fin, este será salvo. Y será predicado este evangelio del reino en todo el mundo, para dar testimonio a todas las naciones y luego vendrá el fin. Por lo tanto, cuando vean la abominación desoladora de la que habla el profeta Daniel de pie en el lugar santo **(quien lea esto, que entienda)**, entonces los que estén en Judea huyan a las montañas. No deje que él que está en el tejado baje para tomar nada de su casa. Ni deje que él que está en el campo regrese para tomar su ropa. Y ¡ay de las que estén embarazadas y á las

que críen en aquellos días!. Pero orad para que vuestra huida no sea en invierno ni en el día de reposo. Porque entonces habrá gran tribulación como nunca antes lo fue desde el principio del mundo hasta este momento. Y excepto que esos días deberían acortarse, nadie debería salvarse: pero por el bien de los elegidos serán acortados. Entonces, si alguno os dijere: "He aquí, aquí está Cristo o allá", no lo creáis. Porque se levantarán falsos Cristos y falsos profetas y mostrarán grandes señales y maravillas, de tal manera, que si fuera posible, engañarán a los elegidos. Ya os lo he dicho antes. Así que, si os dijeren: a usted, "Mirad, él está en el desierto, no salgáis", o "Mirad, él es la cámara secreta", no lo creáis. Porque así como el relámpago viene del este y brilla aún en el occidente, así será también la venida del Hijo del hombre. Por dondequiera que esté el cadáver, habrá águilas reunidas. (Mat. 24:9-28).

    Entonces, permítanme poner mis dos centavos de remorque, no es que usted necesita saber más por medio de mí. Porque el rey lo ha dicho todo. Todo lo que usted acaba de leer, Jesús lo dijo hace más de dos mil años, pero está sucediendo hoy, tal como dijo Jesús. Ahora, en este momento en diferentes países musulmanes, los cristianos están siendo entregados y asesinados mientras hablamos. En Irán, un pastor llamado Seed Abedini ha sido puesto en la cárcel. Su único delito es que él es un cristiano. Se le torturara cada día, tratando de obtener que él niegue a Jesús. Hay muchos falsos profetas hoy, como dijo Jesús. En la actualidad hay muchos países en los que si habla de Jesús, usted corre el riesgo de la pena de muerte. En esos países, cuando un ser querido se salva, otros miembros de la familia lo entregan a las personas para que sea asesinado. Algunos incluso asesinan a miembros de su propia familia, calificando a tales asesinatos como: Asesinatos por cuestiones de honor.

  Por lo tanto, necesita que le recuerde que estar ausentes del cuerpo es estar presentes con el Señor. Pero como todos ustedes saben, por ahora, este cuerpo va a morir, pero nunca morirá. Jesús también dice que a causa de la maldad, el amor de muchos se enfrirá. Verá que en el día de hoy. En otras palabras, la gente está más fría y cruel hoy que en cualquier otro momento. Lo asombroso es que Dios usa incluso música popular para plantear la misma pregunta. Recuerda la canción "Dónde está el Amor?". Piénselo, ni siquiera se puede ir al cine y ver una película como *Batman* sin algún descortes y persona malvada y sin amor alimentada por el diablo disparando en el teatro. O ¿Qué tipo de persona calcula cómo ir a una escuela llena de niños de seis y siete años para asesinarlos? Esposas que están engañando a sus maridos. Los esposos están engañando a sus esposas. En un caso, una mujer de Staten Island en Nueva York Ella dejó que su esposo se fuera de vacaciones a Turquía. Mientras que estaba allí, ella engañó a su marido con otro hombre a quien había conocido en la Internet. Por desgracia para ella, pagó su pecado con su vida.

¿Qué acerca de las cosas que le están haciendo a las mujeres en otros países? Mi bondad, sería mejor creer que Dios juzgará a esto. Una niña de 9 años tiene un bebé. Un hombre de 60-año de edad contrajo matrimonio con un niño de 8 años. ¿Qué tal la joven Argentina que se casó con un hombre mientras estuvo en la cárcel por matar a su hermana? ¡Su hermana gemela,nada más ni nada menos! Abortos tras abortos, aunque las ecografías muestran claramente los brazos, piernas, ojos, nariz, orejas, pies y latidos de pequeños seres humanos. ¿Y usted piensa que un Dios puro y santo que ve y sabe todo lo que está sucediendo va apermitir que esto continúe? ¿En verdad?

Y podría seguir, pero creo que ya he expresado mi punto de vista. Lo que Jesús ha dicho se hace realidad hoy. ¿Quién embaraza a una niña de nueve años? Eso no es amor. ¿Un señor 60-año de edad que se casa con un niño de 8 años? Eso no es amor. ¿Un hombre es sospechoso de matar a su hermana gemela y te vas a casar con él? ¿Y este hombre fue condenado por la muerte de ella, él está en la cárcel por eso -y te casas con él mientras está en la cárcel? ¿Y usted dice que es inocente? ¿En verdad? ¿Eso es amor? Como Jesús dijo: "El amor de muchos se ha enfríado".

Entonces de nuevo, heche otro vistazo a lo que Jesús dice: "Y será predicado este evangelio a todas las naciones." Cuando Jesús dijo esto hace más de dos mil años, el bolígrafo ni siquiera se había inventado. Y allí sin duda no hubo ninguna radio. Sin embargo dijo que este Evangelio será predicado a todas las naciones. Usted ve, siendo Dios, Él sabía acerca de los teléfonos celulares, aviones, Internet, vallas publicitarias, Twitter, etc., incluso antes de que todos ellos fueron inventados. Donde los discípulos podrían haber quedado desconcertados, Jesús sabía que tendríamos hoy estas capacidades. Así, lo que dijo hace dos mil años parecería imposible ni tubo ningún sentido entonces, pero es muy posible hoy en día. Por eso me río cuando una persona toma todo el crédito por la invención del chip del equipo, porque Dios le dio esta información. Y Dios lo utilizará para hacer llegar su palabra al mundo entero antes de que él lo destruya. El cielo, la tierra y Twitter pasarán, pero las palabras de Jesús permanecerá para siempre.

Avanzando hacia a la destrucción del mundo. Como puede ver, estos son malos tiempos. Los niños asesinando a sus padres por el dinero de sus padres. Hermosos niños saltando a la muerte porque han sido intimidados. Y lo increíble es que los acosadores no tienen ninguna compasión; algunos incluso dicen, "Adelante, mátate." ¿Qué hay de la música actual? Puedo recordar cuando no mostraban a Elvis en la televisión de la cintura para abajo. Temían que sus movimientos fueran demasiado provocativo. Pues bien, hoy todo es permitido. Pasamos de hermosas palabras como "Me atrapaste llorando en la capilla" a malas palabras que nunca serán impresas por mí. Tengo noventa y nueve problemas y me detendré allí.

¡Oh! Y casi me olvido ¿Y qué acerca de los maestros durmiendo con los adolescentes? O ¿El famoso entrenador de fútbol que abusó de pequeños niños durante años antes de que él fuera atrapado? Todo lo que puedo decir es que cuando yo era un niño, fuimos capaces de orar en la escuela. Una nación bajo Dios. Y en esos días, hubo muchos menos asesinatos, mucho menos violencia en las escuelas. Usted nunca escuchó de niños disparandose entre sí y definitivamente no estaría durmiendo con un profesor. Usted respetaría a su maestro. Y la idea de tener relaciones sexuales entre ustedes sería desagradable para ambos. ¿Cree usted que deberíamos llevar la oración de regreso a la escuela? No traeremos la oración de vuelta a las escuelas. A causa de la maldad, el amor de muchos se ha enfriado. Pues bien, esto nos lleva a la parte donde Jesús habla de la abominación desoladora del Anticristo.

El Anticristo será el hombre más despiadados que este mundo ha conocido jamás. Él hará que Hitler paresca un Boy Scout. Será el demonio en un cuerpo humano. Esto significa que el diablo entrará en un hombre y hará todo este mal a través de ese hombre. La llegada del anticristo será el comienzo del período de la tribulación. Pero, gracias a Dios, no estaremos aquí cuando su mal esté en plena floración. Dios va a eliminar la iglesia, un proceso que se llama el rapto. Les voy a dar mi opinión rápida sobre esto. Hay muchos libros sobre el final de los tiempos que son mejores que este. Que el Señor te lleve a comprar uno. Serrán mejores y con más detalles. Pero para el propósito de este libro, voy a avanzar rápidamente. Por favor, una vez más, recuerde que este es un libro de el Cielo no un libro de los últimos-tiempo.

Justo antes de que el anticristo entre en escena o muestre sus verdaderos colores, Dios va a sacar a todos los que confían en el Señor Jesús. En un instante, iremos al cielo. La Biblia dice en un abrir y cerrar de ojos. Eso no es ni siquiera un parpadeo completo. Mateo 24:40: "Entonces dos estarán en el campo; el uno será tomado y el otro será dejado. Dos mujeres estarán moliendo en el molino; una será tomada y el otra será dejada." ¡Piense en el caos! ¡En menos de un abrir y cerrar de ojos, miles de millones de personas habrán desaparecido! ¡Los aviones sin pilotos, automoviles sin conductores, trenes sin maquinistas! ¡Los capitanes de buques se habrán ido! ¡Seres Queridos se habrán ido! ¡Y cada niño desaparecido! ¡Habrá bloqueos en todas partes como nunca antes visto, aviones que caen del cielo porque el piloto fue tomado. Muchos aviones estrellándose porque los controladores de tráfico aéreo son cristianos y ellos se habrán ido. Solo pienselo-carros que se estrean, trenes que se descarrilan. Si una mujer está embarazada y no cree que el bebé dentro de ella se ha ido al cielo, ella salió con una matriz vacía. Mi esposa es una enfermera y ella solía trabajar en la guardería. A veces habían veinte bebés allí en un momento. ¡Todos los niños se habrán ido! Y mi esposa también . ¿Puede usted imaginarse las familias gritando por sus hijos? Piensa en todos los fuegos que arderán.   No habrán suficientes bomberos, de la forma en que estos chicos oran—para que la mayoría de ellos se salven. Creo que la mayoría, si no todos, se habrán ido. ¡Policías, maestros, médicos y enfermeras, mecánicos, todos se habrán ido!

    Ahora, piense que esto ocurrió en el mundo entero, porque hay creyentes en cada país. Beba esto y comprenda el caos. Ahora, mire el desastre económico. Si las acciones y el Dow Jones reciben un golpe porque el Congreso no puede arreglar el presupuesto, imagine lo que sucederá cuando esto afecte el mundo entero. Oigo a todas estas personas alarmistas diciendo que están preparados. Acabo de leer hoy que una pareja estaba enseñando a su hija de nueve años cómo sostener un AK-47. Que realmente se muestran imágenes de esta linda niña sujetando el fusil. Esto es una tontería por dos razones. Uno, el arma era tan grande que la niña apenas podía sostenerla, mucho menos dispararla. Dos, lo más probable es que la niña sea llevada al cielo durante el rapto. Más de 9 años de edad tienen un corazón puro ante Dios. Se lo digo ahora, antes de que suceda y no pueda prepararse para esto. La única preparación es entregar su vida a Jesús, de modo que usted se habrá ido con el resto de nosotros. Así como el cielo es un lugar real, estas cosas seguramente sucederán, como Jesús dijo. Además de esto, los alimentos serán escasos y la mayor parte de su fuerza laboral se habrá ido. Y las lineas de gas serán olvidadas. Yo vivo en Nueva York; las lineas de gas para la Super Tormenta Sandy, tenían entre diez a veinte cuadras de largo. Será así en todo el mundo, todos a la vez. Piense acerca de sus peores desastres y multiplicar el caos por cientos. Y a menos que usted lea este libro, su Biblia, o un libro, los tiempos finales, no tienes idea de lo que ha sucedido. Imagínese mirando las noticias de CNN o escuchar la radio informes diciendo que la gente simplemente desapareció.

¿Qué hay de Twitter? Recuerdo que una volcada de Blake Griffin cerró Twitter. ¿Cree que *esto* cerrará Twitter? Imagine que está en un juego de baloncesto de los Knicks. ¡Melo, KP, Derrick Rose, Courtney Lee, Noah y todo el equipo y todos los fanaticos de los Knicks se han ido! Piense en la conmoción en el banquillo celta y a sus fanaticos, preguntándose; "¿Qué ha ocurrido? ¿Dónde están? y ¿Por qué estamos todavía aquí?" Sólo bromeo, mi oración es que nadie se quede rezagado. En el cielo, sólo hay un tipo de fanáticos. ¡Los fanáticos de Jesús! ¿Qué hay de llamar a un ser querido que era un creyente en un teléfono celular y luego se ha ido? ¿Qué pasa con la madre en el parque con sus amigos y todos sus hijos jugando juntos y al instante se van al cielo? Usted no cree y ahora se queda aquí. ¿Ahora entiende el problema que esto podría causar? ¿Se puede entender por qué he estado rogando y a veces suplicando que confíe en Jesús?

Y para los ricos y para ustedes, su dinero no les ayudará. Esta tierra será levantada y todavía no he llegado el anticristo. Cambiará todo tu dinero sólo para comprar algo para comer. Toda la economía mundial se habrá derrumbado. Su plata, su oro, sus diamantes, sus coches, sus casas-todo no significará nada. Y piense en su mente cuando se de cuenta de que no es un sueño y que aún está aquí. Piense en la muerte y la destrucción resultante de todas aquellas personas que se hayan ido de una vez. Hay aproximadamente 2.1 millones de cristianos en el mundo hoy. Esto equivale aproximadamente a un tercio de la población mundial. Digamos, para los propósitos de este libro, que cada uno de ellos es el verdadero negocio, un verdadero creyente como yo, junto con aquellos de ustedes que han leído este libro y confía en el Señor. Por lo tanto, eso significaría que 2.1 billones desaparecerían en un instante. ¿Piensa usted que eso afectaría a nuestra economía? ¿Nuestro suministro de alimentos?

    Podría continuar hablando sobre los problemas y la devastación que esto causará, pero tengo que seguir adelante. Deténgase aquí y piense en ello. La razón por la que quiero que lo piense es porque quiero que lo hagan personal. Piense en cómo le afectará esto. Vaya ahora y medite sobre la palabra de Dios, la Biblia. Esperaré aquí. Tengo un poco de hambre, así que mientras está leyendo, voy a probar un bocadillo. Lea Mateo 24, 1 y 2 Tesalonicenses, Lucas 21 Y Marcos 13. Dios le dará aún más sabiduría con su palabra que la que usted está consiguiendo con la lectura de este libro. Muchos autores no admitirán esto, pero no tengo ningún problema en hacerlo, porque no se trata de mí, es acerca de Dios y usted, su hijo o hija. El Señor Jesús es el maestro de todos nosotros y él es el verdadero autor detrás de este libro de todos modos.

Oh genial, usted está de vuelta. Permitanme un segundo. Permítanme que termine este sandwich. Y Ahora, donde estábamos. Oh sí. Como dije antes, todos nos iremos. Eso nos trae de vuelta al anticristo y el período de la tribulación. Ahora, para ustedes los eruditos y maestros de la Biblia que creen que vamos a estar aquí durante la tribulación, entiendo sus preocupaciones, pero no creo que vayamos a estar aquí. Ustedes los nuevos creyentes pueden ir por un poco de jugo y una porción de pizza si quieren mientras hablo con los eruditos, pastores y maestros que piensan que vamos a estar aquí durante la tribulación.

Cuando el Anticristo llegue o sea revelado, tendremos siete años de su reinado, según el libro de Daniel. Los primeros tres años y medio estarán en paz mientras el anticristo intenta engañar al mundo para que crea que él es Jesús. Entonces, después de eso, por otro período de tres años y medio, el anticristo mostrará sus colores verdaderos, como estamos a punto de leer. Entonces, justo después de eso, en el séptimo año comienza la ira de Dios. Puede hacerme creer que Jesús nos dejará a todos aquí durante el tiempo falso de paz del anticristo. Tendría sentido, porque el verdadero creyente sabrá que él es un falsante. Por lo tanto, ya que es un tiempo de paz, él puede dejarnos aquí para advertir a la gente que este hombre es un falso Cristo y no el Mesías.

Pero en algún momento antes de la segunda etapa de tres años y medio, se habrá ido. En la segunda etapa de tres años y medio, el diablo será capaz de hacer lo que quiera y él va a asesinar a muchos. Ahora, hágase esta pregunta: ¿Dejaría a su hijo en casa con una persona que sabe que era un asesino y que no podría esperar para matarlo? Además de eso, el asesino te odiaba e intentó matarte, pero no pudo. Como no podia matarte, renunciaste a tu vida para que tu hijo pudiera vivir. ¿Qué pasa si el diablo llama a su puerta y dice, "Hola, soy el diablo. ¿Quiere que vea al pequeño? "Le diría," ¡Genial! Ven, diablo. He hecho tu pastel favorito" Por supuesto que no dejaría a su hijo con el diablo. Y Dios no estaría contento. Durante esa segunda etapa de tres años y medio, Dios derramará su ira y juicios. Como dije antes, Dios siempre saca a su pueblo antes de derramar su ira. Por lo tanto, si esto le hace feliz, usted puede pasar los siete años con el anticristo. Los primeros tres años y medio serán pacíficos. A continuación, los próximos tres y medio serán horribles. ¡En algún momento antes de que terminen los segundos tres y medio o justo después, el resto de los lectores y yo nos iremos, antes de que llegue el mal y usted también vendrá! Necesita orar y buscar a Dios en esto. Aquí hay algunas escrituras que puede leer:

"Porque has guardado la palabra de mi paciencia, yo también te guardaré de la hora de la tentación que vendrá sobre el mundo entero, para probar a los que moran en la tierra" (Apo. 3:10).

"Velad, pues y orar siempre, para que seáis tenidos por dignos de escapar de todas estas cosas que vendrán y estarán de pie delante del Hijo del hombre." (Lucas 21:36).

Sugerencia: ¡Tengo mucha fe en Nuestro Padre Jesús para creer que me dejaría con el diablo! Él prometió que nunca me dejará ni me abandonará.

De acuerdo, nuevos creyentes, pueden regresar ahora. Espero que no hayan comido demasiado pizza, porque está a punto de empeorar. El Anticristo, como dije antes, será el demonio dentro del cuerpo de un hombre. Según la Biblia, él será un hombre del Medio Oriente. Nuevamente, no soy un chico de los tiempos finales, pero leí Daniel 9-12, Ezequiel 38-39; además, el libro de Isaías y Apocalipsis 13 apuntan a un hombre del Medio

Oriente. Él vendrá como un hombre de paz. De hecho, él hará la pazl mundial. será un hombre de encanto. Tendrá gran carisma. Y durante tres años y medio, todo el mundo estará en paz. ¿Puede usted imaginarse Israel, Irán, Irak, Rusia, China, Corea del Sur, Corea del Norte y los Estados Unidos viviendo todos en paz? No habrán guerras; ningún disturbio en ningún lugar. ¡La paz en el mundo!

Harrá que todos se engañen. Incluso antes de que lo diga, muchas personas pensarán que él es el Señor. Ellos dirán: "Este hombre ha logrado tanto. Nos ha dado la paz mundial". Pasamos del caos del rapto a la paz y la armonía. El Anticristo tendrá un falso profeta. Este es un hombre que dirá cuán grande es el anticristo. El falso profeta será la mano derecha del anticristo. Él te anima a creerle a este hombre. Porque nadie ha logrado la pa mundial antes que él. De hecho, la Biblia dice en Daniel 9 que el anticristo construirá el nuevo templo en Jerusalén. Porque él tiene la paz en el mundo, él será capaz de construir el nuevo templo en la misma tierra, el mismo lugar, antes del Monte del Templo. Los árabes y los judíos van a estar en paz unos con otros, por lo que no tendrán ningún problema con que la bestia construya ese templo en el Monte del Templo. Y estoy seguro de que todas las naciones van a donar dinero y recursos a su glorioso templo. Y con las máquinas y cosas que tenemos hoy, ese templo será glorioso. Y el falso profeta nos dirá, "Ciertamente Él debe ser enviado desde arriba". "Este hombre debe ser el Mesías".

El Anticristo estará lleno de poder satánico y maravillas mentirosas. Él construirá una enorme estatua en su propia imagen y la hará hablar. ¡Y cuando digo hacerla hablar, me refiero a que cobre vida y hable, no con la electrónica y los altavoces! Él tomará el control de todo el dinero, recursos y alimentos cada día. Habrá una moneda mundial y luego una sociedad sin efectivo. Las personas, estamos casi allí ahora, las tarjetas de débito, crédito y adelante. Él será capaz de hacer llover fuego del cielo despejado. Él se levantó de los muertos. Gente, esto no será una película; esto no será un truco será el diablo y todo su poder. Porque la iglesia y el Espíritu Santo se ha ido, los demonios tendrán sus propias maneras. Así, esta tierra pertenecenrán plenamente al diablo y a sus secuaces. Y esta falsa paz durará tres años y medio.

Y después de tres años y medio, el mentiroso mostrará sus colores verdaderos. Entonces no habrá más juegos. El falso profeta esxaltará a este hombre como el Mesías. El Anticristo se dice ser Dios. Y él se sentará en el nuevo templo para decirle al mundo que él es Dios, el Mesías. Él hará una estatua en su propia imagen, la pondrá en el templo y le obligará a adorarla. Y muchos creerán que él es el Mesías a causa de los prodigios mentirosos y falsos de la resurrección. Cualquiera que no adore a la bestia, el anticristo, será asesinado. Él le forzará a tomar su marca, que se llama la marca de la bestia en la Biblia. Usted tendrá que conseguir la marca en la mano o en su frente y tomando su marca, promete su amor, su alma al diablo, al anticristo.

Para mantenerlo simple, la elección será clara: usted elige el diablo, el anticristo; o usted elije al Señor Jesucristo. Llevar la marca perteneciente al diablo. Si usted no toma la marca, será asesinado. Sin la marca, no podrá comprar o vender, usted no será capaz de ir a cualquier parte. Usted debe llevar la marca de la bestia para hacer algo en este país o en cualquier parte del mundo. Ya veo que el mundo está tratando de avanzar hacia una moneda mundial- el euro, por ejemplo. Cuando el anticristo entre en la escena, sólo habrá la moneda de su marca.

De nuevo, quiero que piensen en algo. Esta es la razón por la que me encanta la Palabra de Dios. Esta fue pronunciada por Jesús en el libro de Apocalipsis de hace más de dos mil años. Fue escrito en el libro de Daniel antes que Jesús naciera, alrededor del año 535 d.c. Como he dicho anteriormente, en aquellos días no tenían los bolígrafos. Apenas hace cuarenta años, esta escritura no podría cumplirse. Pero ahora, con la tecnología actual y el uso de escáneres, ¿Puedes ver a dónde voy? GPS, tarjetas de crédito, microchips ya hay lectores de la retina ocular en los que hay que mirar para entrar a un edificio. En la Escuela de Minas y tecnología de Dakota del Sur, están probando una máquina de análisis de huellas digitales. Lo que establece su biocriptología es su biometría. Una vez que la unidad analiza su dedo, siente que la sangre pulsa bajo de ella. Esto es para asegurarse de que no cortó el dedo de alguien para hacer la transacción. Se siente un pulso para asegurarse de que la persona está viviendo. Ahora entiendo por qué me dicen que la Biblia es verdadera. Jesús le advierte de la marca de la bestia, de los escáneres, de todas estas cosas, hace más de dos mil años. Jesús sabía entonces que hoy, el Anticristo será capaz de seguir la pista de cada uno de tus movimientos mediante escáneres, GPS y así sucesivamente.

> Y ejerce toda la autoridad de la primera bestia delante de él y hace que la tierra y los moradores de ella adoren a la primera bestia,

cuya herida mortal fue sanada. Y él hace grandes maravillas, de tal manera que hace descender fuego del cielo a la tierra delante de los hombres y engañan a todos los que moran en la tierra, por medio de esos milagros que él tenía poder para hacer en presencia de la bestia, mandando a los moradores de la tierra que le hagan una imagen a la bestia que tiene la herida de espada y vivió. Y él tenía poder para dar vida á la imagen de la bestia, para que la imagen de la bestia pudiera hablar y causara que mataran a todos los que no adorarían la imagen de la bestia. Y él hizo que todos, pequeños y grandes, ricos y pobres, libres y esclavos, se les pusiese una marca en la mano derecha, o en la frente; y que ninguno pudiese comprar ni vender, sino el que tuviese la marca o el nombre de la bestia, o el número de su nombre. Aquí hay sabiduría. Deje que él que tiene entendimiento, cuente el número de la bestia, pues es número de hombre; y su número seiscientos sesenta y seis. (Apo. 13:12-18)

Aquí tienes la Biblia claramente apunta a una marca, que será realmente algún tipo de escáner marca o chip que será implantado o marcada en la frente o en la mano derecha. ¡La Biblia hace la predicción tan precisas, incluso para decirle cual mano! ¡Y el número 666! Durante este tiempo, los últimos tres años y medio, habrá el asesinato, la violación e impíos comportamientos tales como el mundo nunca ha visto. Como he dicho antes, lo que vemos hoy es sólo el comienzo de los dolores y dolores de parto. Estar aquí en la segunda etapa de los tres años y medio y el mal estará en pleno trabajo. Las familias estarán matándose entre sí para llevar la marca de la bestia.

> Pero cuando te lleven a entregarte, no pienses de antemano lo que hablarás, ni hayas premeditado; pero todo lo que se te dará en esa hora, eso hablarás: porque no eres tú el que habla, sino el Espíritu Santo. Ahora el hermano entegará a la muerte al hermano y el padre al hijo; y los hijos se levantarán contra sus padres y los harán morir. Y seréis aborrecidos de todos los hombres por causa de mi nombre; pero él que perdurará hasta el fin, éste será salvo.
(Marcos 13:11-13)

Serán los momentos más malvados que el mundo haya visto tres años y medio de asesinatos, violaciones y torturas en todo el mundo. Los cristianos serán perseguidos y matados como perros en la calle y el mundo se regocijará con el falso

Cristo. Muchos de los que han leído la Biblia o un ejemplar de este libro gritarán con angustia, "¿Por qué no me salve mientras tuve la oportunidad?".

Pues bien, avanzando hacia delante. En algún momento durante la cúspide de este mal momento, el Señor Jesús comenzará a derramar su juicio sobre el mundo entero y luego lo destruirá. Voy a moverme rápidamente ahora cuando termine este libro. Te dire algunos de los juicios y el resto puede leerlo por su propia cuenta. Hay algunos juicios de sello y algunos juicios de tazón que voy a referirme simplemente a algunas de ellos, pero no todos, porque, como he dicho, este no es ese tipo de libro. Es un libro del Cielo, recuerde, no un libro de los tiempos finales. Por lo tanto, cerraremos el libro de la forma en que hemos venido haciendolo. Le daré la palabra del Señor y a continuación, voy a exponer sobre lo que acabamos de leer. Estaremos trabajando con rapidez a través del libro de Apocalipsis, comenzando en el capítulo 6. Estas son las visiones que el Señor Jesús le dió a Juan acerca de cómo el mundo terminaría. Recuerde que Jesús habla de cosas que ya han sucedido y de las cosas que ocurrán pronto.

Ahora vi cuando el Cordero abrió uno de los sellos y escuché a una de las cuatro criaturas vivientes que decía con voz de trueno: Ven y ve. "Y miré y vi un caballo blanco: el que estaba montado sobre él tenía un arco; y se le dió una corona: y el salió venciendo y para vencer. (Apo. 6:1-2)

Pues bien, deténgase por un segundo. Algunas personas piensan que el jinete de este caballo es Jesús. Pero como esto se trata en la tribulación, creo que este jinete representa el anticristo, que conquista el mundo con sus prodigios mentirosos. Más adelante en este libro, Jesús estará montando un caballo blanco, pero no hay duda de que Jesús es el REY DE REYES Y SEÑOR DE SEÑORES.

Y cuando él abrió el segundo sello, oí al segundo ser viviente que decía: "Venid y lo veréis". Otro caballo, rojo fuego, salió a la calle. Y fue concedida a quien se sentaba en ella para quitar la paz de la tierra y que se matasen unos a otros; y le fue dada una gran espada. (Apo. 6:3-4)

Entonces, detente de nuevo. Claramente, el Espíritu Santo en este punto ha dejado de detener a la humanidad de pecar, dejándola a su lujuria por el asesinato, por lo que las personas se matan unos a otros a la izquierda y a la derecha.

Cuando abrió el tercer sello, oí al tercer ser viviente que decía: "Venid y lo veréis". Así que miré y contemplamos un caballo negro; y el que estaba montado sobre él tenía una balanza en su mano. Y oí una voz en medio de los cuatro seres vivientes que decía, "una canasta de trigo por un denario y tres cuartos de cebada por un denario y no dañen el aceite y el vino." (Rev. 6:5-6)

Entonces, obviamente este jinete de caballo negro es enviado a destruir parte del dinero. ¡Hasta ahora tenemos tres juicios de sello: tenemos al Anticristo conquistando el mundo; tenemos la paz quitada del mundo, por lo que las personas se matan unas a otras; y la economía mundial está siendo destruida!

Cuando abrió el cuarto sello, oí la voz del cuarto ser viviente que decía: "Venid y lo veréis". Así que miré y he aquí un caballo pálido. Y el nombre de aquel que estaba sentado sobre él, era Muerte y Hades lo siguió. Y se les fue dado poder sobre la cuarta parte de la tierra, para matar con espada y con hambre y con pestilencia y por las bestias de la tierra. (Apo. 6:7-8)

¡Detengase! Cuando vea la palabra *espada* , piense en, bombas, pistolas y espadas. ¡Así que aquí, un cuarto de la población de la tierra se va a morir por la espada, el hambre y los animales los animales significan leones, tigres y osos, te moriras! El diablo y sus demonios entrarán en estos animales y los usarán para matar gente. Podemos ver algunos de esos hoy en día. Acabo de leer un artículo, cuando un hombre y una mujer estaban teniendo sexo en el Bush de Zimbabwe. Un león los atacó y el hombre logró escapar. El león mató a la mujer; la única cosa que encontraron fueron sus restos destrozados. ¿Por qué la orca en el SeaWorld que ahogó a una mujer? El cuidador del zoológico muerto por los leones? Y podría seguir. Hoy, algunos de los animales que están bajo el control de Satanás. Durante el tiempo de la gran tribulación, con el espíritu de la paz tomada fuera de la tierra, el diablo tendrá pleno control sobre todos los animales. Y él hará uso de ellos para hacer sus asesinatos. Imagine el caos-simios, tigres, guepardos, ballenas, lobos marinos, tiburones, ratas, gatos, perros, nombre que usted, en las manos del diablo.

¿Ve usted por qué tuve que escribir este capítulo? Yo no podía decirle a usted acerca de la belleza del cielo sin advertirle del infierno por venir.

Para algunos de mis lectores de más edad, recuerde la película de Alfred Hitchcock ¿*Los Pájaros* ? ¿Cómo *Willard* ? Esta será una y mil veces peor. ¡Y este será el verdadero negocio, no sólo una película! De todos modos, aún estamos en Apocalipsis 6:

> Y cuando él abrió el quinto sello, vi debajo del altar las almas de aquellos que han sido muertos por la palabra de Dios y del testimonio que ellos tenían. Y clamaron a gran voz, diciendo: ¿Cuánto tiempo, Señor, santo y verdadero, hasta que juzgues y vengues nuestra sangre de los que moran en la tierra?" Entonces una túnica blanca les fue dada a cada uno de ellos; y se les dijo que debían descansar un poco más, hasta completer el número de sus compañeros de servicio y sus hermanos, quienes serían asesinados como estaban, concluyó. (Apo. 6:9-11).

¡Alto! Esta es una gran escritura. Aquí vemos a las personas en el cielo, con una túnica blanca. Y saben lo que está sucediendo en la tierra. De hecho, piden al Señor, "¿cuándo te vengarás por nosotros?" Como se pueden ver, tienen cuerpos; si fueran simplemente espíritus, ¿por qué necesitarían una túnica? Estos fueron santos martirizados que habían muerto y se habían ido al cielo en el tiempo cuando

Juan escribió el libro del Apocalipsis y algunos de los santos mártirizados por la tribulación. Jesús mostró a Juan santos del pasado y del futuro. Y, como puede ver, aunque se les dice a descansen aquí un rato, están muy vivos y no duermen en la tumba.

Miré cuando abrió el sexto sello (Apo. 6:12).

Bien, podemos parar aquí. Estos últimos hermosos versos de Apocalipsis 6 son el tema principal de este capítulo: "El último día". Estos son los versículos 12-16. Pero aún no puedo darselos, porque tengo que completar algunos más espacios en blanco. Volveremos a ellos, lo prometo.

Se desplaza de derecha a lo largo de Apocalipsis 7 abre con el Dios vivo poniendo su sello sobre la virgen judía 144.000 hombres. De la tribu de Judá, 12.000 fueron sellados; de la tribu de Rubén, 12.000 fueron selladas; 12.000 fue sellada de la tribu de Gad; 12.000 fueron selladas de la tribu de Aser, más de 12.000 fueron selladas de la tribu de Neftalí; 12.000 eran sellados del juicio de Manasés; 12.000 fueron selladas de la tribu de Simeón; 12.000 fueron selladas de la tribu de Leví; 12.000 de la tribu de Issachâr, 12.000 fueron selladas de la tribu Zebulon; 12.000 de la tribu de José; y por último, pero no menos importante, 12.000 de la tribu de Benjamín.

Yo creo que el Señor va a utilizar este 144.000 para alcanzar a los perdidos de Israel durante el tiempo de la tribulación. No sólo Israel, sino quien va a creer. Bien, vamos a seguir avanzando hacia la destrucción:

> Después de estas cosas miré y he aquí una muchedumbre inmensa, que nadie podría contar, de todas las naciones, tribus, pueblos y lenguas, de pie delante del trono y ante el Cordero, vestidos con vestiduras blancas y con palmas en sus manos y clamando a gran voz, diciendo: "¡La salvación pertenece a nuestro Dios que está sentado sobre el trono y al Cordero!" Todos los ángeles que estaban de pie alrededor del trono y de los ancianos y de los cuatro seres vivientes y cayeron sobre sus rostros delante del trono y adoraron a Dios, diciendo: ¡Amén! La bendición y la gloria y la sabiduría y la acción de gracias y la honra y el poder y la fortaleza, sean a nuestro Dios por los siglos de los siglos. "Amén." Entonces uno de los ancianos habló, diciéndome: "¿Quiénes son estos que están vestidos de ropas blancas y de dónde han venido?" Y yo le dije: Señor, tú lo sabes. "Entonces él me dijo: Estos son los que se salen de la gran tribulación para lavar sus

ropas y hacer blanco en la sangre del Cordero." (Apoc. 7:9-14)

Detenganse. Por lo que se puede ver, muchas personas se guardarán durante el período de la tribulación. ¡Aunque preferiría que se guardan ahora! Porque algunos de estos santos, después de ser guardados durante la tribulación, tendrán, ¡me entristece decirlo!, sus cabezas cortadas. bien, aún estamos llenando los espacios en blanco, que se mueve rápidamente y se dirigían hacia el final y en el último día. Apocalipsis 8 habla sobre los juicios de la trompeta y el incensario.

El primer ángel tocó la trompeta y vino granizo y siguió el fuego, destrozado con sangre, y fueron quemados; y toda la hierba verde fue quemada. (Apo. 8:7).

Detengase. ¡Allí van todos esos hermosos campos de golf! ¡Quemados y cubiertos de sangre!

Y el segundo ángel tocó la trompeta y como una gran montaña ardiendo en fuego fue precipitada en el mar; y un tercio del mar se convirtió en sangre. Y un tercio de las criaturas vivientes en el mar murieron. Y un tercio de las naves en el mar fueron destruida. (Rev 8:8-9)

Detengase. Un meteorito golpeará a la tierra. Este meteorito destruirá un tercio de la población de peces del mundo y un tercio de la marina del mundo.

Y el tercer ángel tocó la trompeta y cayó del cielo una gran estrella, ardiendo como una antorcha y cayó sobre la tercera parte de los ríos y sobre las fuentes de agua. El nombre de la estrella es Ajenjo. Una tercio de las aguas se convierten en ajenjo. Y muchos hombres murieron a causa de esas aguas, porque se hicieron amargas. Entonces el cuarto ángel tocó la trompeta y una tercio del sol fue golpeado, un tercio de la luna y un tercio parte de las estrellas, de modo que un tercio de ellos se oscurecieron y un tercio del día no brilló y del mismo modo la noche. (Rev 8:10-12).

¡Detengase! De nuevo, quiero que piense acerca de lo que usted acaba de leer. Una **tercera parte del sol, una tercera parte de la luna, una tercera parte de las estrellas no brilla;** sencillamente, una tercera parte de la tierra oscura y helada. Si tuviese que adivinar, treinta grados bajo cero y en total oscuridad.

"Y miré y oí a un ángel volar desde el medio del cielo, diciendo a gran voz: ¡Ay! ¡Ay! ¡Ay ! de los moradores de la tierra, a causa de los otros toques de trompeta de los tres ángeles y que están apunto de sonar." (Apocalipsis 8:13).

¡Detengase! Heche un vistazo a la misericordia de Dios. En medio de este desastre, él usa a uno de sus ángeles para advertir a aquellos que están vivos sobre su próximo infortunio! ¡Ay! Es casi como si el ángel sintiera pena por nosotros. Es casi como si su mente estuviera asombrada por lo que está por venir. Pues, aquí está:

Entonces vi el quinto ángel sonar su trompeta y vi una estrella que cayó del cielo a la tierra y se le dio la llave del pozo del abismo. Y cuando él abrió el abismo, subió humo del pozo como el humo de un gran horno. Así pues, el sol y el aire se fueron oscureciendo debido al humo del pozo. Luego del humo, vinieron langostas sobre la tierra. Y se les dio poder, como tienen poder los escorpiones de la tierra. (Rev 9:1-3)

¡Detengase! Estos eran insectos demoníacos, mestizaje entre una langosta y un escorpión. Podrían volar y causar el tremendo dolor de la picadura de un escorpión.

Y se les mandó que no dañasen a la hierba de la tierra, ni a cosa verde alguna, ni a ningún árbol, sino solamente a aquellos que no tienen el sello de Dios en sus frentes. (Apo. 9:4)

¡Detenganse! Pero como puede ver, Dios todavía está en control, porque les dijeron que no podían dañar al pueblo de Dios o cualquier cosa verde. Vamos a seguir en este tren de rápido movimiento como motores en el último día. Los siguientes siete versículos son abrumadoras.

Y no se les dio autoridad para matarlos, sino para atormentarlos durante cinco meses. Su tormento era como tormento de escorpión cuando hiere al hombre. En aquellos días, los hombres buscarán la muerte y no lo lograrán. Ellos desearán morir y la muerte huirá de ellos. (Apo. 9:5-6)

¡Detengase! ¡Alto! ¡Alto! ¿Lo entendió? Cuando este ser hiere a las personas, sufrirán tanto que desearán morir, pero Dios no les permitirá morir. La muerte huirá de ellos. En aquellos días, hombres y mujeres con la marca de la bestia intentarán suicidarse, pero Dios no les dejará morir por al menos cinco meses. Las personas se dispararán en la cabeza, saltar en frente de los trenes, automóviles, etc., sobredosis de drogas-lo-intentará todo para escapar de la vida, sólo para descubrir que no pueden morir y han empeorado las cosas. ¡Ahora su cuerpo está más roto, en más dolor por la caída, bala, o lo que sea, pero no puede morir! Imagine que vuela la mitad de su cabeza, pero todavía está vivo, pareciendo un lío y sintiendo cada dolor. ¡Guao!

> Tenían colas como escorpiones y había picaduras en las colas. Su poder era herir a los hombres durante cinco meses. Y tienen por rey sobre ellos al ángel del abismo, cuyo nombre en hebreo es Abadón y en griego, Apolión. (Apo. 9:10-11).

¡Detengase! Y podría seguir con la muerte y la destrucción, pero aquí está la línea de fondo: algunas personas nunca se arrepentirán. Mientras todo esto ocurre, Dios en Su gracia y misericordia sigue intentando salvar. Por ejemplo, en la siguiente ¡Ay!, el Señor envía a cuatro ángeles y doscientos millones de jinetes para matar a otro tercio de la humanidad. Pero veamos lo que la Biblia dice en Apocalipsis 9:20-21:

> Pero el resto de la humanidad, que no fueron muertos con estas plagas todavía no se arrepienten de las obras de sus manos; no dejan de adorar a los demonios y los ídolos de oro y plata, bronce, piedra y madera, las cuales no

pueden ver, ni oír ni caminar. Y no se arrepintieron de sus homicidios, ni de sus hechicerías, ni de su fornicación, ni de sus hurtos.

Y dejar de pensar en ella. El señor podría destruir la tierra en un solo disparo. Pero, en su misericordia, él todavía está tratando de alcanzar a los perdidos. Después de todo esto, Jesús enviará dos testigos del cielo. ¿Cómo muchos de sus amigos y seres queridos te dicen que creen que el Señor envía a alguien desde el cielo? La verdad es que si están aquí durante este tiempo, todavía no lo creerían. De hecho, probablemente intentarían matar al mensajero de Dios del cielo. Buscar en Apocalipsis 11:3:

"y daré poder a dos testigos y ellos profetizanrán 1.260 días, vestidos de cilicio." Estos son los dos olivos y los dos candeleros que están en pie delante del Dios de la tierra. Y si alguno quiere dañarlos, sale fuego de su boca y devora a sus enemigos. Y si alguien quiere perjudicar de esta manera, él debe ser matado. Estos tienen poder para cerrar el cielo para que no llueva no en los días de su profecía; y tienen poder sobre las aguas para convertirlas en sangre y golpear la tierra con tantas plaga cuantas veces como lo deseen. Cuando hayan terminado su testimonio, la bestia que asciende del abismo hará guerra contra ellos, los vencerá y los matará. Y sus cadáveres yacerán en la calle de la grande ciudad, que espiritualmente se llama Sodoma y Egipto, donde también nuestro Señor fue crucificado. Y ellos, los pueblos, las familias, las lenguas y naciones verán sus cadáveres durante tres días y medio y no permitirán que los cadáveres sean enterrados. Y los moradores de la tierra se regocijarán por ellos y se alegrarán y se enviarán regalos unos a otros; porque estos dos profetas atormentaron a los moradores de la tierra. Ahora, después de tres días y medio el aliento de vida enviado por Dios entró en ellos y se levantaron sobre sus pies y cayó gran temor sobre los que los vieron. Y oyeron una gran voz del cielo, que les decía: Subid acá" y subieron al cielo en una nube; y sus enemigos los vieron. En aquella misma hora hubo un gran terremoto y la décima parte de la ciudad cayó. En el terremoto, siete mil personas fueron asesinadas y el resto tenían miedo y dieron gloria a Dios. (Apo. 11:3-13)

¡Detengase! Aquí tienes el diablo de Navidad. Los dos testigos mueren y el mundo se regocija y da regalos los unos a los otros. A continuación, los dos hombres de Dios regresan con vida y regresan al cielo. Pero antes de irse, dejan al mundo un regalo: un gran terremoto que destruye una décima de Jerusalén y siete mil personas. ¡Pero Dios, que es rico y misericordioso, no queriendo que ninguno perezca, alcanzará nuevamente el voto indeciso! Pero si usted ha tomado la marca, su ganso está cocido y quiero decir cocido. ¡Como pronto verá, literalmente cocido! Dios enviará tres ángeles para proclamar el Evangelio por última vez. Será la última vez que se salve.

Luego vi otro ángel volar por en medio del cielo, que tenía el evangelio eterno para predicarlo a los que moran en la tierra; y a toda nación y lengua y pueblo, diciendo a gran voz, "Temed a Dios y dadle gloria, porque la hora de su juicio ha llegado; y adorad a aquel que hizo el cielo y la tierra, el mar y los manantiales de agua". "Entonces otro ángel le siguió, diciendo, "Babilonia ha caído, ha caído, aquella gran ciudad, porque ha hecho beber a todas las naciones del vino del furor de su fornicación". "Entonces un tercer ángel les siguió, diciendo a gran voz: Si alguno adora a la bestia y su imagen, y recibe su marca En su frente o en su mano, él también deberá beber el vino de la ira de Dios, la cual es derramada toda su fuerza en la taza de su indignación". Y él será atormentado con fuego y azufre en la presencia de los santos ángeles y en presencia del Cordero. Y el humo del tormento de ellos sube para siempre jamás; y no tienen reposo de día o de noche, los que adoran a la bestia y su imagen y quien recibe la marca de su nombre." (Rev. 14:6-11).

Bien, mirenme por un segundo. Lo siento, lo hice nuevamente, este es un libro. Quizá algún día el Señor me permita hablar en su iglesia y todos nos reímos acerca de esto. De todos modos, ¿cuántos de ustedes se habrían arrepentido ahora? La mejor pregunta es, ¿cuántos de ustedes *se han* arrepentido hasta ahora? ¿Pueden creer que las personas de este mundo todavía quieren luchar contra Dios? Por lo tanto Dios derramará lo que se llama los juicios del tazón ¡y no me refiero a Honey Nut Cheerios!

Entonces oí una gran voz del templo, que decía á los siete ángeles: "Derramaré las siete copas de la ira de Dios sobre la tierra." Por lo tanto, el primero fue y derramó su copa sobre la tierra y una llaga repugnante y repugnante dolor cayó sobre los hombres que tenían la marca de la bestia, los que adoraban su imagen. El segundo ángel derramó su copa sobre el mar y se convirtió en la sangre de un hombre muerto y cada criatura viviente en el mar muerió. (Apo. 16:1-3)

¡Alto! Usted notará que este versículo dice, todas las criaturas que viven en el mar muerió. Antes era un tercio; ahora son de todas. ¡Observe también que todos los que tomaron la marca están cubiertos de llagas! Esto es así porque en este punto, Dios ha intentando llegar a cualquira y está en el modo de la ira de Dios.

Luego el tercero derramó su copa sobre los ríos y manantiales de agua y se convirtieron en sangre. Y escuché al ángel de las aguas que decía: "Tú eres justo, oh Señor, el que es y quién fue y quién será, porque has juzgado estas cosas. Porque ellos han derramaron la sangre de los santos y los profetas y les has dado a beber sangre, porque es su justo lo que les corresponde." y escuché a otro desde el altar, que decía: "Aun así, Jehová Dios de los Ejércitos. Verdaderos y justos son tus juicios." Entonces el cuarto ángel derramó su copa sobre el sol y se le dió poder para quemar a los hombres con fuego. Y los hombres se quemaron con el gran calor y blasfemaron el nombre de Dios, que tiene el poder sobre estas plagas y no se arrepintieron para darle gloria. El quinto ángel derramó su copa sobre el trono de la bestia; y su reino se llenó de oscuridad; y se mordieron la lengua a causa del dolor. Blasfemaron al Dios del cielo por sus dolores y por sus úlceras y no se arrepintieron de sus obras. Apo. 16:4-11).

¡Alto! Como puede ver, a este punto, aquellos que han tomado la marca son verdaderamente los hijos e hijas del diablo. No tienen ningún lugar ni uso para Dios o su pueblo. Así que todos los líderes de este mundo y todos los reinos de este mundo se unirán y organizarán una lucha contra Dios y Su pueblo. La batalla de Armagedón. Esto está en el monte de Megido en la parte superior de la entrada a la Llanura de Esdraelon, el principal campo de batalla de Israel en la antiguedad. Soy testigo de que este campo de batalla aún está allí hoy. He hecho un DVD de mi esposa y yo caminando a través de este campo en mayo de 2010. Bien, siga leyendo.

A continuación, el sexto ángel derramó su copa sobre el gran río Eufrates; y el agua se secó, para que el camino de los Reyes de Oriente pudríera estar preparado. "Y vi salir de allí una plataforma de espíritus inmundos" que sale de la boca del dragón, de la boca de la bestia y fuera de la boca del falso profeta. "Son los espíritus de los demonios que realizan signos, los cuales salen a los reyes de la tierra y a el mundo entero, a fin de congregarlos para la batalla de aquel gran día del Dios Todopoderoso." "He aquí, yo vengo como un ladrón. Bienaventurado el que vela y guarda sus vestiduras, para que no ande desnudo y vean su vergüenza" y ellos se reunieron juntos en el lugar llamado en hebreo Armagedón. (Apo. 16:12-16)

¡Alto! Quiero meditar sobre lo que usted acaba de leer. Ahora, imagine todas las naciones en todo el mundo-Rusia, China, India, Japón, los Estados Unidos, Jordania, Siria, Irán, Irak, Israel, Gran Bretaña, Francia, todos ellos. Ahora imagine que todos sus buques tanques, misiles y bombas nucleares en este valle, dispuestos a luchar contra Dios. Piense en todas las naciones del mundo con sus misiles apuntados a este valle, abierto a destruir al Señor Jesucristo. Aviones, aviones teledirigidos, digame usted, todos esperando el comando del anticristo. Y más rápido que el campeón de peso pesado en 10 segundos en la primera ronda eliminatoria, aquí está lo que ocurre a continuación.

De vuelta en su Biblia en Apocalipsis 19, empezando en el versículo 11:

> Ahora vi el cielo abierto y he aquí un caballo blanco. Y el que estaba sentado sobre él, era llamado Fiel y Verdadero y con justicia juzga y pelea. Sus ojos eran como llamas de fuego y había en su cabeza muchas diademas. Y tiene un nombre escrito que nadie conoce sino él mismo. Y él está vestido con una vestidura empapado en sangre: y su nombre es llamado el Verbo de Dios. Y los ejércitos que están en el cielo le siguió en caballos blancos y vestidos de lino fino, blanco y limpio. (Apo. 19:11-14)

Bien, detengase de nuevo por un segundo. Aquí tenemos al Señor Jesucristo que regresa con todos los cristianos que están hoy en el cielo. Estaremos montando caballos blancos y seremos vestidos de blanco. Aquí tengo una sugerencia para que usted sepa que esto no va a ser una lucha. Estaremos todos vestidos de blanco y dudo que el Señor desea vernos sucio. Y Él hace esto claro, declarando en las escrituras que estaremos vestidos de lino fino- Palabras clave: limpio y blanco. Porque habiendo ido a la Cruz y derramando su sangre, Él ha dado a la humanidad todas las oportunidades para arrepentirse. Él es Dios. ¿Puedo predicar esta parte?

La Biblia dice que Él tomó los pecados del mundo. ¡Él es hecho ensucia para nosotros! Oh, alguien tiene que escuchar esto de nuevo. La Biblia dice que Él tomó los pecados del mundo. ¡Él se ha ensuciado por nosotros! Y el pueblo de Dios dice ¡Amén! De todos modos, añadir que toda la sangre inocente que derramó, la humanidad desde Abel, hasta el día del juicio. ¡Ha terminado de perder, se terminó el tiempo! Bien, siga leyendo.

> Y de su boca sale una espada afilada, para que con ella hiera a las naciones y las regirá con cetro de hierro; y trata el lagar del vino de la ferocidad y la ira del Dios Todopoderoso. Y había en su vestidura y en su muslo un nombre escrito: REY DE REYES Y SEÑOR DE SEÑORES. (Apo. 19:15-16)

¡Alto! Este es Jesús! El Rey de reyes y Señor de Señores! Bien, continuar.

> Y vi un ángel de pie al sol y clamó a gran voz, diciendo a todas las aves que vuelan en medio del cielo, "Vengan y reúnanse en la cena del Gran Dios. Para que coman carne de reyes y de capitanes y la carne de hombres valientes y la carne de los caballos y de los que montan en ellos y la carne de todos los hombres, libres y

esclavos, pequeños y grandes" y vi a la bestia y los reyes de la tierra y sus ejércitos, congregados para hacer guerra contra el que estaba sentado sobre el caballo y contra su ejército. Y la bestia fue tomada y con ella el falso profeta que obró milagros ante él, con las cuales había engañado a los que recibieron la marca de la bestia y los que adoraban su imagen. Estos dos fueron lanzados vivos dentro de un lago de fuego que arde con fuego y azufre. Y el restos fueron asesinados con la espada del que estaba sentado sobre el caballo, del cual salió la espada de su boca; del que se sentó sobre el caballo y todas las aves se llenaron con su carne.   (Apo. 19:17-21)

Y ahora, con esa base establecida, podemos volver a recoger el Apocalipsis 16:17: También ahora puede leer los versículos Rev. 6:12 -17. Un agradecimiento especial a la editora Sylvia porque casi olvidé volver a Apocalipsis 6:12-17 lol pero ella me recordó, con su trabajo de base establecidoen. ¡Gracias Sylvia! Apocalipsis 6:12 - 17 y Apocalipsis 16:17 - 21 son el final de la batalla de Armagedón. Pero como usted puede ver un montón de cosas han sucedió antes de llegar a la final. Por eso tuve que llenar los espacios en blanco, ordenar y hablar. Revelatoin 6:12-17 es el inicio de la primera ronda y Apocalipsis 16:17-21 es el final de la ronda. Aquí está la primera ronda de ¡Knock out! ¡El final de la batalla de Armagedón! Rev 6:12-17 Y YO veía cuando él abrió el sexto sello y he aquí hubo un gran terremoto; y el sol se puso negro como tela de cilicio y la luna se volvió como sangre;

Y las estrellas del cielo cayeron á la tierra, incluso como una higuera hecha su inoportunos higos, cuando ella es sacudida por un viento impetuoso.

Y el cielo se replegó como un pergamino que se enrolla; y todo monte y toda isla fueron removidos de sus lugares.

Los reyes de la tierra y los grandes hombres y los hombres ricos y los capitanes en jefe y los hombres poderosos y todo siervo y todo libre se escondieron en las cuevas y en las rocas de las montañas.

Y decían a las montañas y a las peñas: Caed sobre nosotros y escondednos del rostro de aquel que está sentado sobre el trono y de la ira del Cordero.

Porque ha venido el gran día de su ira; ¿Y quién podrá sostenerse en pie?

Apocalipsis 16:17-21 y el séptimo ángel derramó su copa en el aire y salió una gran voz del templo del cielo desde el trono diciendo: "Hecho es." Entonces hubo truenos y voces y relámpagos y hubo un gran terremoto, como no sucedió desde que los hombres estuvieron sobre la tierra, por lo que fue un terremoto todopoderoso y tan grande. Y la gran ciudad fue dividida en tres partes y las ciudades de las naciones cayeron; y la gran Babilonia vino en memoria delante de Dios, para darle á ella la copa del vino del furor de su ira. Y toda isla huyó y los montes no fueron hallados. Y luego cayeron sobre el hombre una gran granizada del cielo y cada piedra sobre el peso de un talento y blasfemaron a Dios por el lago del granizo, porque la plaga del mismo era excesivamente grande.

Bien. Así, como usted puede ver, esa no fue una gran pelea. Anteriormente señalé que la espada de su boca representa la palabra de Dios. Aquí está la conclusion: Cuando Jesús dice: "se hace", Hecho, la estrella es. Caerá del cielo a la tierra. ¡Habrá el mayor terremoto jamás visto! El cielo, el sol, la luna, los planetas, se enrollarán y caerán como una ####sombra barata. ###### La bestia y el falso profeta serán lanzados al lago de fuego y la tierra y todos los que tomaron la marca morirán. La tierra será un gran basurero, sin forma y vacío. Y lo que quede será cubierto de cadáveres. A continuación, buitres, águilas, aves y todo lo que le gusta comer carne, haran fiesta sobre los cadáveres.

Contemplé la tierra y he aquí, estaba desordenada y vacía; y los cielos y no había luz en ellos. Contemplé las montañas y he aquí que temblaban y todas las colinas se movieron ligeramente. Contemplé y he aquí que no habían hombres y las aves del cielo habían huido. Contemplé y he aquí, el lugar que fue fructífero ahora es un desierto y todas sus ciudades se derrumbaron ante la presencia del Señor y por el furor de su ira. Así ha dicho el Señor: "Toda la tierra estará desolada; sin embargo no voy a hacer un fin completo. Por esto llorará la tierra y los cielos serán negros; porque lo que he hablado, lo he propuesto y lo hare, no me arrepentiré; ni me volveré atrás." (Jer. 4:23-28).

Pero Ed, ¿qué pasa con el diablo? Me alegra que usted haya preguntado. Aquí está la escritura: Apocalipsis 20.

Contemplé un ángel descender del cielo, que tenía la llave del abismo y una gran cadena en la mano. Y agarró al dragón, la serpiente antigua, que es el diablo o Satanás y le ató por mil años; lo arrojó al abismo, lo encerró y puso un sello sobre él, paraque no pueda engañar más a las naciones, hasta que fuesen cumplidos mil años; y después él será desatado por un poco más de tiempo. Y contemplé tronosa los queestaban sentados sobre ellos y la sentencia fue dada á ellos; y vi las almas de los que fueron decapitados por el testimonio de Jesús y por la palabra de Dios y los que no habían adorado a la bestia ni a su imagen, ni recibieron su marca en sus frentes ni en sus manos; y vivieron con Cristo mil años. Pero el resto de los muertos no volvieron a vivir hasta que terminaron miles de años. Esta es la primera resurrección. Bienaventurado y santo el que tiene parte en la primera resurrección; la segunda muerte no tiene poder sobre estos, sino que serán sacerdotes de Dios y de Cristo y reinarán con él mil años. Y cuando mil años están caducados, Satanás será suelto de su prisión y saldrá a engañar a las naciones que están en los cuatro cuartos de la tierra, a Gog y a Magog, a fin de congregarlos juntos para la batalla; el número de los cuales es como la arena del mar. Y subieron sobre la respiración de la tierra y rodearon el campamento de los santos y la ciudad amada y azufre y fuego los consumió. Y el diablo que los engañaba fue lanzado en el lago de fuego y azufre, donde estaban la bestia y el falso profeta; y serán atormentados día y noche por los siglos de los siglos. Y vi un gran trono blanco y aquel que estaba sentado sobre él, de cuya cara la tierra y el cielo huyeron; y ningún lugar se halló ya para ellos. Y vi los muertos, grandes y pequeños, de pie ante Dios; y los libros fueron abiertos y otro libro fue abierto, el cual es el libro de la vida: y fueron juzgados los muertos por las cosas que estaban escritas en los libros, según sus obras. Y el mar entregó los muertos que había en él; y la muerte y el Hades entregaron los muertos que había en ellos y fueron juzgados cada uno según sus obras, la muerte y el Hades fueron lanzados al lago de fuego. Esta es la muerte segunda. Y el que no se halló inscrito en el libro de la vida fue lanzado al lago de fuego. (Apo. 20:1-15).

Bien, sólo para ir un poco más de lo que acabamos de leer en Apocalipsis 20, la tierra está totalmente destruida. Un ángel viene del cielo, le coloca las cadenas al diablo y lo tira hacia el abismo. Él cierra al diablo. Y para asegurarnos de que el diablo no puede hablar, él pone un sello en él. El diablo se mantiene en esta prisión por mil años. A continuación, Juan es mostrado a todos los cristianos desde el principio de los tiempos hasta el final de los tiempos, reinando con Cristo en el cielo durante mil años. Sabemos esto porque, número uno, habla de personas que no aceptan la marca o el culto a la imagen de la bestia, que son las personas que van a ser salvos durante la tribulación que ha de venir, o debo decir, el fin del mundo los santos. Número dos, dijo bienaventurado y santo el que tiene parte en la primera resurrección; la segunda muerte no tiene poder sobre estos, sino que serán sacerdotes de Dios y de Cristo y reinarán con él mil años. Claramente aquí él está hablando al pueblo de Dios que están en el cielo, un lugar real.

    Por lo tanto, aquí tenemos al pueblo de Dios con él en el cielo durante mil años en la Nueva Jerusalén. Algunos piensan que el reinado del milenio será aquí en la tierra, pero a este punto, la tierra es destruida, sin forma y vacía. El terreno está totalmente desolado, con un gigantesco abismo y el diablo encadenado a él. Recuerde, no hay luna, no hay estrellas, no hay sol, sólo oscuidad, según Jeremías 4:23-28. Así, estamos en el cielo con Jesús por mil años y entonces el diablo será soltado por una última vez. Entonces, porque él es tan tonto, él va a engañar a la gente en el infierno por última vez. Recuerde, la tierra es destruida sin seres vivos, porque después de mil años, incluso aquellas aves que comieron la carne muerta se han muerto. La tierra en ese monento es realmente sólo un celda para el infierno de los condenados y muertos el diablo. Así, cuando el diablo sea soltado, la únicas personas a las que engañará son aquellas a las que él pudo engañar antes: su gente en el infierno.

Porque eso es todo lo que se ha dejado la tierra estará muerta y no puede sostener la vida. Las personas en el cielo son el pueblo santo de Dios. Espero que no le importe que cite a la OMS: ¡"y no seremos engañados de nuevamente!".

> Y cuando mil años hayan caducados, Satanás será suelto de su prisión y saldrá a engañar a las naciones que están en los cuatro cuartos de la tierra, a Gog y a Magog, a fin de congregarlos juntos para la batalla; el número de los cuales es como la arena del mar. (Apo. 20:7-8)

Detenegase por un segundo. Usted nota que dice a las naciones que están en la tierra. Eso es porque están en el infierno en la tierra. No hay seres humanos vivos en la vieja tierra solo hay asolada y la nueva no está construida todavía. Además, todas las aves han muerto después de mil años sin alimentos. Después de mil años, no había nada vivo en la tierra.

> Y subieron sobre la respiración de la tierra y rodearon el campamento de los santos y la ciudad amada y de Dios descendió fuego del cielo y los consumió. Y el diablo que los engañaba fue lanzado en el lago de fuego y azufre, donde estaban la bestia y el falso

profeta; y serán atormentados día y noche por los siglos de los siglos. (Apo. 20:9-10)

Por lo tanto, aquí está lo que pasó. El diablo es soltado por una temporada; que convence a la gente en el infierno para intentar una vez más para matar a Dios y a su pueblo. Cuando el Señor les trae de las fosas del infierno para el último trono blanco-habrá gente de todo el mundo, cubriendo la tierra y algunos en el cielo, justo fuera de la Nueva Jerusalén, a la espera de ser juzgados. Justo antes del trono blanco, estos nudillos intentarán su X man last stand (X en este caso significa marcado para la muerte segunda}. Mi conjetura es que justo antes de que los libros estén abiertos, el diablo va a decir algo como, ¡"Mira, estamos de vuelta, como dije! ¡He resucitado como he dicho! ¡Soy la bestia que era y es ahora! ¡Les conseguimos rodeado-vamos por ellos!".

Ahora, aquí está el final de este capítulo. ¡El Trono Blanco! O puede llamarlo ¡El Día del Lago de Fuego! O si lo llaman ¡el último día! ¿Y el primero en obtener el suyo? ¡La nefasta trilogía de la bestia, el falso profeta y el diablo!

Y el diablo que los engañaba fue lanzado en el lago de fuego y azufre, donde estaban la bestia y el falso profeta; y serán atormentados día y noche por los siglos de los siglos. (Apo. 20:10)

Entonces la vieja tierra y los viejos cielos desaparecer en el aire y el resto de los bromistas obtenga el suyo:

Y vi un gran trono blanco, y Él estaba sentado en él, de cuyo rostro huyeron la tierra y el cielo; y ningún lugar se halló ya para ellos. Y vi los muertos, grandes y pequeños, de pie ante Dios; y los libros fueron abiertos y otro libro fue abierto, el cual es el libro de la vida; y fueron juzgados los muertos por las cosas que estaban escritas en los libros, según sus obras. Y el mar entregó los muertos que había en él; y la muerte y el Hades entregaron los muertos que había en ellos; y fueron juzgados cada uno según sus obras. La muerte y el Hades fueron lanzados al lago de fuego. Esta es la muerte segunda. Y el que no se halló inscrito en el libro de la vida fue lanzado al lago de fuego. (Apo. 20:11-15).

Y vi un cielo nuevo y una tierra nueva, porque el primer cielo y la primera tierra pasaron, y el mar ya no existía más. Y yo Juan vi la santa ciudad, la nueva Jerusalén, descender del cielo, de Dios, dispuesta como una esposa ataviada para el esposo. Y oí una gran voz en el cielo que decía: He aquí el tabernáculo de Dios con los hombres y él morará con ellos; y ellos serán su pueblo. Dios mismo estará con ellos como su Dios. Enjugará Dios todas las lágrimas de sus ojos y no habrá más muerte, ni llanto, ni clamor, ni habrá más dolor; porque las primeras cosas pasaron." y el que estaba sentado en el trono dijo: He aquí, yo hago nuevas todas las cosas. Y él me dijo: "Escriba esto, porque estas palabras son fieles y verdaderas." (Rev. 21:1-5

Palabras finales

¡Pido a Dios que su corazón se anime! Espero haber podido responder algunas de sus preguntas. Permítanme desafiarlo a leer este libro de nuevo. Al igual que la Biblia, usted será sorprendido de cuanto más podrá entender despues de leerlo de nuevo. Eso es porque este libro es tan rico en la Palabra de Dios. Pido a Dios que algunos de sus dolores se hayan aliviado y su corazón se llene de esperanza. Esperamos tener la confianza para seguir adelante. Avance a sabiendas de que su futuro con Dios será de manera mucho más brillante de lo que se pueda imaginar. Yo sé que para mí cuando entendí cómo Dios es real y nuestro futuro hogar es el cielo, pude continuar con mi vida. Cuando el dulce corazón de mi infancia, Laverne, fue al cielo no tenia esperanza pensé que estaba perdida para siempre. Yo tenía 13 años y ella tenía 14 años cuando empezamos a salir. Se lo puedo decirlo ahora porque no puede atraparme, pero sí estaba robando la cuna. ¡Nos casamos cuando yo tenía veinte años y poco después se volvió treinta y dos se había ido! Yo estaba enojado un viudo solo con un hijo de ocho años a los 31 años. Pero después de que Dios ha revelado su amor indefectible y la realidad de los cielos para mí; me di cuenta de que ella está mucho mejor que usted y que yo pude casarme de nuevo con mi maravillosa esposa Neyra. A través de ella he ganado otro hijo y dos hijas gemelas. Mis hijos se casaron y he ganado dos hijos más. Una de mi hija se casó y obtuve un hijo. Mi hijo mayor y su esposa tuvo un hijo, ahora tengo un nieto. Pido lo mismo para usted. ¡Espero que a algunos se les llene el vacío al saber que sus seres queridos están más vivo que nunca! ¡Espero que haya un mejor entendimiento acerca de Dios y de nuestro hogar celestial! Pido a Dios que en lo profundo de su corazón, usted será libre para amar y vivir de nuevo. ¡Espero que ahora, cuando alguien le diga que están en un lugar major esté seguro de que realmente están en un lugar mejor! Utilizar esas palabras para ser tan superficial, tan hueco, para mí. ¡Ahora son tan real tan cierto! A todos los que leen, o han trabajado en este libro, de mi querida hermana Josie a cada uno en el espacio creativo. Timoteo, Magen, Sylvia, Kimberly para nombrar unos pocos; esto era una cita divina. Antes de que cualquiera de nosotros nació, desde antes de la fundación del mundo, Dios sabía que este libro será escrito. Él sabe quién será el primero en comprar este libro. ¡Y él sabe quién será el último para leerlo, antes de que él vuelva por todos nosotros! Tenía que escribir porque ¡Él te ama! Y, por último, para llevar a todos el aguijón de la muerte. ¡Porque la verdad es que nunca morirán! ¡Y algún día vamos a estar con Jesús para siempre! ¡Realmente me encanta todo pero Dios te ama mucho más! "Escriba esto porque estas palabras son fieles y verdaderas." (Rev. 21-5

Mi momento Emmy Oscar

Llamo a esto mi momento Emmy Oscar porque éste es donde puedo llegar a decir gracias y quiero agradecer a tantas personas. Quiero darle las gracias al lector en primer lugar. Gracias desde el fondo de mi corazón por la compra y la lectura de este libro. Sin ustedes nada de esto sería posible. Ustedes son la razón principal por la que escribí este libro. Así que usted saben la verdad y la verdad os hará libres. ¡Gracias! Para aquellos de ustedes que dieron su vida al Señor Jesús, ¡gracias! Su vida nunca será la misma y no han visto nada todavía. A mi esposa, mis hijos Neyra Eddie, Josh, Andrew, nieto James, e hijas Neyra Jr., Naomi, Stacyann, Ivelise, gracias por su amor y apoyo. A mi co-autor hermana gemela espiritual Josie gracias. ¡A mis tres Madres Hazel, que está en el cielo con Dios, Pearl (y Ella es realmente una perla de una Mamá) y Anna, muchas gracias! Por lo que usted podría preguntar por sólo ser Mamá! Las Madres son especiales y este es mi momento de Oscar. Me gustaría agradecer a mis dos Padres Victor que está en el Cielo, El es el Papá de mi esposa Neyra y mi Papá Marshall que espero verlo en el cielo, gracias aprendí cómo ser un hombre de ambos. Los Padres son especiales y les tengo este mi momento Emmy. Quiero agradecer a mis hermanos

Nat, Vincent y Carl. Vicente está en el cielo con mi hermano Anthony a quien nunca he conocido. Estos chicos me mantuvieron seguro y fueron todas las figuras del padre cuando yo estaba creciendo. Mi sobrino pequeño Nat, no puedo esperar a verlo algún día. Usted estuvo vivió aquí en el hospital tres días después fue con el Señor, pero nunca me olvidé de usted. Gracias a mi hermana Isabel la roca de la familia real. Su maravilloso marido Carl que me ayudó a mantenernos juntos el tiempo justo para Dios a apropiarse de mí. ¡Oh no! ¡Los lectores están jugando al bajarse del escenario de la música! ¡Gracias Bill, Aggie, Stephen, gracias! U sted! a muchos de mis tíos, tías, sobrinos, sobrinas William Christine, te amo todos mis primos Kim, Vicky, Donald, Dee niña, George Jr, Janice, Todd, Tía alterar, toda mi familia de Tampa, Florida, el Bam, Tiba, Banetta, Wilber, ¡I love you! ¡La tía Isabel en el cielo, la Tía Gloria en el cielo, la tía Mary Jane en el cielo nos vemos pronto! Hola Hermanas Ambar, Arica, JoAnn, mis hermanos, Dexter, Derek ahijado Ethan, ahijada Ariel, la tía Margarita tío Robert, Hermana Barbara, poco Vincent, Ranesha, Malisa, Ianna, Zakia. Hola Cheryl, Errol, Jennifer, Carol, Patrick, Christopher, manzanas, Daniel, Keith, Darrel, ¡gracias familia! El tiempo justo Richard y Natalie gracias! Gracias Amazon .com y cada uno en el espacio creativo. Son muy creativos y Sylvia brillante editor que tomó tiempo de su apretada agenda y espacio para mí. Ella me animó a escribir algunas palabras de clausura pero ahora ella tal vez ella no lo hizo. ¡Lol! ¡Gracias! ¡A todos los pastores y líderes de fe gracias, seguir luchando la buena batalla de la fe! Hermano Whiteside, Hermana Whiteside, Pastor Frank, el Pastor Marcus, Pastor Juan, Pastor, Pastor Subash Hantz, Pastor West, Pastor Donnie, el pastor Louis, Pastor Woodside, Pastor Howard gracias a todos por la siembra en mi vida. Dios le bendiga ricamente a usted y a su familia. ¡Doug y Hillary gracias! Usted Doug para siempre preguntando sobre el libro que me mantuvo alentados. ¡Hillary cuando su mamá fue al cielo, usted me mostró que este libro puede ayudar a alguien por sus amables palabras después de leer la copia en bruto! ¡Los de mi cuadra Ralph, Wille, Diane, María, José, para nombrar unos pocos este libro es para ustedes! Gritar para PS 124, Jr High School 51 y automoción High School! A mi familia con Ed veo ustedes cada día y usted sabe cómo me siento. Howard, Trish, Jimmy, Jamel, Tony, Mike Neil, Marion, Issa, Dawayne, Stella, Crystal, John, Andre, Eddie, Frank, Cliff, Mel, Dave, Albert, Tommy Hart, Dennis, Chris, Scott, Charles Nelson, Bruce, Jack, Larkins, Joe D., Sammy, Otis, Karen, Señor Presidente, Fransicos,

Juan Richee, Bobby, Paul Gregg, ¡Dean, Igor, Danny, Shirley, Joe, gracias por estar ahí todos los días! Si me faltó alguien lo siento. Pero antes voy a dejar que diga esto. A todas las familias que han perdido a sus seres queridos el 11 de septiembre de 2001. ¡Nunca los podremos olvidar jamás!!!! ¡I love you! ¡Que Dios los bendiga! ¡Y que Dios bendiga a los Estados Unidos de América!

Made in the USA
Middletown, DE
04 January 2024